Der Dreißigjährige Krieg

Kompaktwissen Geschichte

Herausgegeben von Gerhard Henke-Bockschatz

Der Dreißigjährige Krieg

Leben und Überleben im konfessionellen Zeitalter

Von Hans-Joachim Müller

Reclam

RECLAMS UNIVERSAL-BIBLIOTHEK Nr. 17087
2015 Philipp Reclam jun. GmbH & Co. KG,
Siemensstraße 32, 71254 Ditzingen
Gestaltung: Cornelia Feyll, Friedrich Forssman
Druck und Bindung: Eberl & Koesel GmbH & Co. KG,
Am Buchweg 1, 87452 Altusried-Krugzell
Printed in Germany 2021
RECLAM, UNIVERSAL-BIBLIOTHEK und
RECLAMS UNIVERSAL-BIBLIOTHEK sind eingetragene Marken
der Philipp Reclam jun. GmbH & Co. KG, Stuttgart
ISBN 978-3-15-017087-8
www.reclam.de

Inhalt

III Quellen 120

Einleitung

Das sogenannte ›konfessionelle Zeitalter‹ von 1555 bis 1648 stellt für viele Historiker einen zusammenhängenden Zeitabschnitt dar. Dieser Band wird erklären, wie es zu dem Namen dieser Epoche der europäischen Geschichte und zu der zeitlichen Eingrenzung auf fast 100 Jahre kommt. Im Jahr 1555 wurde mit dem Augsburger Religionsfrieden eine Vereinbarung zwischen dem Kaiser und den Fürsten geschlossen, die das religiöse Leben und das Verhältnis der ›großen‹ christlichen Glaubensbekenntnisse (d. h. ›Konfessionen‹ wie Katholiken oder Lutheraner) ordnete. Die Zeit der konfessionellen Kriege im Heiligen Römischen Reich Deutscher Nation war damit erst einmal vorbei. Diese Regelung hielt allerdings nur bis zum Jahr 1618, als der Dreißigjährige Krieg ausbrach und einen Großteil Europas verwüstete. Die Bedeutung dieses Ereignisses, das besonders in Deutschland als ›Großer Krieg‹ wahrgenommen wurde, steht im zweiten Teil der Darstellung im Mittelpunkt, weil es das ›kollektive Gedächtnis‹ vor allem der Deutschen besonders in den nächsten drei Jahrhunderten entscheidend prägte. Es werden also vor allem die Ereignisse und Entwicklungen im Heiligen Römischen Reich Deutscher Nation in diesem Buch im Zentrum stehen, allerdings wird der europäische Rahmen der umliegenden Länder, die zum großen Teil und auf unterschiedliche Weise an diesem Krieg beteiligt waren, mit in den Blick genommen. Es soll deutlich werden, dass dieser Krieg ein europäischer Krieg war.

Insgesamt soll die Bedeutung der Zeit von 1555 bis 1648 als einer ›Zwischenzeit‹ zwischen Reformation und beginnender Aufklärung herausgestellt werden. Viele Entwicklungen, die durch die Renaissance und die Reformation angestoßen wurden, erfuhren in dieser Zeit entscheidende Ausprägungen: Es handelt sich um Veränderungen in der politischen Organisation, im politischen Denken, in Wirtschaft, Wissenschaft, Gesellschaft und Kultur. Gleichzeitig war das Alte noch sehr präsent, bzw. neues Fremdartiges entstand und prägte die Wahrnehmung der Menschen, was auf uns heute z. T. noch irritierend wirkt. Die Rolle, die die Religion in diesem Zusammenhang spielte, steht als Verbindendes hinter der gesamten Darstellung. So konnte ein Gelehrter wie Johann Amos Comenius auf der einen Seite neuartige politische Institutionen wie ein ›Friedensgericht‹ entwickeln und auf der anderen Seite zeitgenössische Volkspropheten fördern und ihren Vorhersagen Glauben schenken. Die Menschen in dieser Zeit dachten viel mehr in religiösen Denkmustern als viele Menschen heute in unserem europäisch geprägten Kulturraum. Der Glaube war der Ausgangs- und Bezugspunkt vieler Handlungen und Gedanken, die sich in dieser Zeit entwickelten. Ansatzweise schon vor 1517, aber besonders seit 1517, als die Reformation durch Martin Luther in die Wege geleitet worden war, war von einem einheitlichen Glauben in Ostmittel-, Mittel- und Westeuropa nicht mehr die Rede. Es entwickelten sich zwei weitere große Konfessionen, die lutherische und später die reformierte, die neben der altgläubigen Kirche, die sich weiterhin ›katholisch‹ (d. h. »allgemein«) nannte, und vielen weiteren religiösen Strömungen existierten. Mit der Reformation gingen politische Veränderungen einher: Landesfürsten bauten ihre Macht gegenüber dem Kaiser aus, in vielen Städten kam es zu Machtverschiebungen (vgl. Pfitzer 2014, Kap. I,3). Die daraus erwachsenden Kriege kamen erst 1555 mit dem Augsburger Religionsfrieden zur Ruhe, ohne einen Sieger gefunden zu haben. Die konfessionelle Situation verfestigte sich, die Spaltung der Christenheit im Heiligen Römischen Reich Deutscher Nation war dadurch festgeschrieben und wurde auch in der Zukunft nicht mehr aufgehoben. Im Dreißigjährigen Krieg traten ab 1618 die durch den Religionsfrieden nicht gelösten Konflikte wieder deutlich zutage. Es war eindeutig: Um neue Kriege zu vermeiden, musste das Verhältnis der unterschiedlichen religiösen Überzeugungen zueinander eindeutig geregelt werden. In diese Situation führt der vorliegende Band ein. Im ersten Teil werden die Entwicklungen ab 1555 im kulturellen, gesellschaftlichen und politischen Rahmen vorgestellt. Im zweiten Teil steht der Verlauf des Dreißigjährigen Krieges im Vordergrund. Dabei wird anhand von individuellen Erfahrungen deutlich, wie der Krieg wahrgenommen und gedeutet wurde. Abschließend kommen wichtige Kontroversen zu dem Thema zur Sprache.

Zeittafel

1555	Augsburger Religions- und Landfrieden
1556	Karl V. verzichtet zugunsten seines Bruders Ferdinand I. auf die Kaiserwürde.
1562/63	Dritte und letzte Periode des Konzils von Trient
1562–1598	Religionskriege in Frankreich zwischen Altgläubigen und Hugenotten
1564–1576	Maximilian II. regiert als Kaiser.
1566	Kaiser und katholische Reichsstände akzeptieren offiziell die Trienter Konzilsbeschlüsse (gebietsweises Einsetzen der Rekatholisierung). Kurpfalz behauptet die Annahme des calvinistischen Glaubensbekenntnisses.
1568–1648	Achtzigjähriger Krieg zwischen den niederländischen Generalstaaten und Spanien um die Unabhängigkeit der Niederlande
1570–1575	Erste landwirtschaftliche Krise infolge der Klimaveränderungen (nächste Krisen 1585–1587, 1597–1601 und 1607–1617)
1573	»Warschauer Konföderation« garantiert den polnischen Adligen die Glaubensfreiheit.
1576–1612	Rudolf II. regiert als Kaiser.
1577	Die Konkordienformel versucht eine einheitliche lutherische Lehre zu formulieren; einige lutherische Territorien schließen sich allerdings nicht an.
1582	Reichstag zu Augsburg. Hier wie auch auf den folgenden Reichstagen bis 1608 kommt es zu Auseinandersetzungen über die unterschiedliche Auslegung der offenen Aspekte des Augsburger Religionsfriedens (›Declaratio Ferdinandea‹ und ›Geistlicher Vorbehalt‹).
1587	Erste ›öffentliche‹ Bank in Venedig

1587–1672 Herrscherdynastie der Wasa auf dem polnischen Königsthron; Auseinandersetzungen mit Schweden bis 1660

1593–1609 Türkenkriege. Die Bewilligung von finanziellen ›Türkenhilfen‹ sind zum einen Druckmittel der Stände gegen den Kaiser, zum anderen gewährleistet der Krieg ein Zusammenstehen der Stände gegen einen gemeinsamen Feind.

1598 Edikt von Nantes, Tolerierung der Hugenotten in Frankreich

1605 Erste regelmäßig erscheinende Zeitung in Straßburg gedruckt. Das neue Medium wirkt als Taktgeber einer Medienrevolution.

1607/08 Reichsacht gegen die überwiegend protestantische Reichsstadt Donauwörth und ihre Vollstreckung durch Bayern verschärfen die konfessionellen Konflikte.

1608 Protestanten verlassen den Reichstag zu Regensburg. Gründung der protestantischen ›Union‹ unter Führung der Kurpfalz zur Verteidigung des Landfriedens. Kursachsen schließt sich nicht an.

1609 Katholische Reichsstände vereinigen sich unter Führung Bayerns zur ›Liga‹ mit dem ebenfalls defensiven Zweck, den Landfrieden zu sichern und die katholischen Positionen zu verteidigen.

1612–1619 Matthias I. regiert als Kaiser.

1617 Hundertjähriges Reformationsjubiläum verschärft die konfessionellen Gegensätze.

1618–1648 **Dreißigjähriger Krieg.** Ein regionaler Konflikt der Unabhängigkeitsbestrebungen der böhmischen Stände löst mit dem Prager Fenstersturz den Krieg aus.

1618–1623 **Böhmisch-pfälzischer Krieg.** 1619 geben sich die protestantischen böhmischen Stände eine eigene ständische Verfassung und wählen den pfälzischen Kurfürsten zum König. Die protestantische Seite gerät durch die Niederlage in der Schlacht am Weißen Berg (1620) in die Defensive. Die Union löst sich auf, die Pfalz und weitere protestantische Gebiete im Reich gehen an die Liga und den Kaiser. Bayern erhält die pfälzische Kurwürde und die Oberpfalz als Pfand. Das lutherische Kursachsen kämpft auf kaiserlicher Seite und wird mit der Lausitz entschädigt. Böhmen wird gewaltsam rekatholisiert.

1623–1630 **Niedersächsisch-dänischer Krieg.** Auch eine europaweite antihabsburgische Allianz (ohne Schweden) unter dänischer Führung führt nicht zum Erfolg: Der Kaiser kann dank des Heerführers Johann von Tilly und des Kriegsgroßunternehmers Albrecht von Wallenstein (ab 1625) seine Machtposition bis in den Norden des Reiches ausbauen.

1630–1635 **Schwedischer Krieg.** Der schwedische König Gustav II. Adolf greift auf protestantischer Seite in den Krieg ein. Mit finanzieller Unterstützung Frankreichs gelingt Gustav II. Adolf die Eroberung weiter Teile des Reiches.

1635–1648 **Schwedisch-französischer Krieg.** Frankreich tritt auch offiziell in den Krieg ein, um die Vorherrschaft des Hauses Habsburg zu unterbinden.

1619–1637 Ferdinand II. regiert als Kaiser.

1629 Der Kaiser erlässt das Restitutionsedikt, das die strittigen Punkte des Augsburger Religionsfriedens zugunsten der katholischen Seite entscheidet. Die kaiserliche Machtanmaßung wird selbst von katholischen Ständen im Reich und von den auswärtigen Mächten als gefährliche Verschiebung der Machtbalance angesehen. Protestanten fürchten die gewaltsame Rekatholisierung des Reiches.

1631 Eroberung Magdeburgs durch Tilly stärkt den protestantischen Zusammenhalt dank der medialen Verbreitung der Grausamkeiten; im Herbst tritt auch Kursachsen auf die schwedische Seite über.

1632 Tilly fällt in Rain am Lech, Gustav II. Adolf in der Schlacht bei Breitenfeld.

1633 Verurteilung Galileo Galileis im Inquisitionsprozess in Rom. Galilei wird zum Widerruf verdammt und muss im Hausarrest leben.

1634 Absetzung, Ächtung und schließlich Ermordung Wallensteins schwächt langfristig die kaiserliche Kriegführung; kurzfristig wird aber die schwedische Dominanz in Süddeutschland nach der Schlacht bei Nördlingen beendet.

1635 Prager Frieden zwischen dem Kaiser und Kursachsen, dem sich viele Reichsstände anschließen.

1637–1657 Ferdinand III. regiert als Kaiser.

1644 Eröffnung der Friedensverhandlungen in Münster und Osnabrück

1645 Colloquium Charitativum im polnischen Thorn zur Beilegung der Konfessionsstreitigkeiten zwischen polnischen Katholiken, Lutheranern und Reformierten

1648 Frieden von Münster und Osnabrück

I Darstellung

1 Die Voraussetzungen: Bevölkerungsentwicklung, Klima und Krisenbewusstsein

Auf lange Sicht betrachtet stiegen die Bevölkerungszahlen in Frankreich, Großbritannien und Deutschland zwischen 1500 und 1800 beträchtlich. Auffallend ist der Bevölkerungsverlust, der auf deutschem Gebiet mit dem Dreißigjährigen Krieg einherging (vgl. Quelle 1). Die Bevölkerungszahl stieg aber auch bald wieder. Hier zeigt sich, dass sich die Bevölkerungsentwicklung abhängig von der jeweiligen Versorgungslage langfristig selbst einpendelt. Faktoren wie Klimaschwankungen, Missernten, Krankheitsepidemien und Kriege sowie allgemeine wirtschaftliche Faktoren (neue bessere Anbautechniken und Pflanzen u. a.) bestimmten dieses sich selbst regulierende ›System‹. Die Bevölkerungsentwicklung in der zweiten Hälfte des 16. Jahrhunderts und in der ersten Hälfte des 17. Jahrhunderts war geprägt durch die weiterhin grassierenden Pestepidemien und durch die klimatischen Bedingungen. Die Pest sorgte im Zusammenspiel mit anderen Krankheiten (z. B. Fleckfieber, Pocken, tödliche Durchfallerkrankungen, Masern, Scharlach, Grippe) in vielen Städten Europas zeitweise für einen starken Rückgang der Bevölkerung. Die Krankheiten konnten dort noch zu einer höheren Sterblichkeitsrate führen, wo die Ernährungslage vorher mangelhaft gewesen war. In Mitteleuropa sorgte vor allem eine enorme Klimaverschlechterung zwischen ca. 1560 und 1630, die einige – allerdings recht ungenau – die ›kleine Eiszeit‹ nennen, für eine Vielzahl von Missernten. Die Winter waren extrem kalt und lang, die Sommer überaus nass, so dass die Getreideernte stark beeinträchtigt wurde. Das Getreide wurde z. T. nass eingeholt, verdarb dann schneller und war auch schlechter zu verarbeiten. Die

Folge dieser Entwicklung waren landwirtschaftliche Krisen in den Jahren 1570 bis 1575, 1585 bis 1587, 1597 bis 1601 und 1607 bis 1617, die mit einer enormen Preissteigerung für den damals meist angebauten Roggen und andere Getreidearten verbunden waren. Diese Entwicklungen trafen auf Gesellschaften, die bis dahin von einer Warmzeit und der dadurch bedingten Fruchtbarkeit von Böden und dem Wachstum der Bevölkerung geprägt waren. Zwar regulierte das ›System‹ sich selbst, und die Bevölkerungsverluste konnten wieder ausgeglichen werden: Frei werdende Hofstellen wurden rasch neu besetzt, Heiraten und Geburten stiegen überdurchschnittlich stark an. Dennoch blieb vor dem Hintergrund dieser Problemlage und der persönlichen Betroffenheit bei großen Teilen der Bevölkerung der Eindruck, in einer Zeit der besonderen Krisenhaftigkeit zu leben. Das führte zu einer Vielzahl unterschiedlicher Reaktionsweisen, die vor allem die Religion, die populare Kultur (früher ›Volkskultur‹ genannt), aber auch die Politik und die Wirtschaft betrafen. Im folgenden sollen diese aufgezeigt werden.

1.1 Die Wirtschaft

Eine wesentliche Voraussetzung für die Entwicklung menschlichen Lebens sind die wirtschaftlichen Bedingungen, unter denen Menschen handeln. Im Zeitraum von 1555 bis 1648 war die Landwirtschaft weiterhin der entscheidende Wirtschaftsfaktor. Sie war im Vergleich zum Mittelalter im 16. Jahrhundert nur geringfügig produktiver. Bauern haben vor allem neue Siedlungsflächen erschlossen, aber nur punktuell haben sie die Produktionsweisen innovativ verändert. In den meisten Gebieten war noch die im Hochmittelalter eingeführte Dreifelderwirtschaft bestimmend, die so angelegt ist, dass eines von drei Feldern in einer klar geregelten Fruchtfolge in einem Jahr ›brach‹ liegt, damit der Boden wieder Nährstoffe sammeln kann. Dass Düngung diesen Prozess ersetzen kann, war eine Erkenntnis aus der Praxis, die im 16. Jahrhundert zwar schon bekannt war, wofür aber häufig die Möglichkeiten aufgrund einer nicht vorhandenen systematischen und intensiven Viehwirtschaft fehlten. Die meisten Bauern produzierten also weiter nach herkömmlichen Methoden, während der Bedarf an landwirtschaftlichen Produkten aufgrund der steigenden Bevölkerungszahl zunahm. Dies führte zu einer Preissteigerung für Getreide.

Gerade für das Spätmittelalter und für das 16. Jahrhundert setzen einige Forscher den Beginn einer neuen Wirtschaftsform, die noch stark die Gegenwart prägt: den Frühkapitalismus. Demnach sollen in dieser Übergangszeit vom Feudalismus zum industriellen Kapitalismus des 18. und vor allem des 19. Jahrhunderts mehr Menschen dem Geld, das in Geschäfte investiert wurde, eine größere Bedeutung zugewiesen haben als dem Grundeigentum, das die landwirtschaftliche Produktionsweise in der Zeit des Feudalismus bestimmte. Bei diesem Ansatz werden die wirtschaftlichen Veränderungen jedoch zuweilen überbetont. Ein Argument für die Herausbildung des Frühkapitalismus sind die neuen Handelsmöglichkeiten mit neuentdeckten Kontinenten und Weltregionen aufgrund der Erfolge in der Schifffahrt. Es ergaben sich neue Möglichkeiten durch den Handel mit Amerika und Südostasien, allerdings spielten der Mittelmeer- und der Ostseehandel, die beide weiterhin expandierten, um 1600 noch immer die wirtschaftlich bedeutenderen Rollen. Die Hanse musste im Ostseehandel den englischen und niederländischen Konkurrenten zunehmend weichen und fiel bis auf ihre letzten Mitglieder (Hamburg, Bremen und Lübeck) im 17. Jahrhundert schließlich auseinander. Der wirtschaftliche Erfolg der einzelnen Hansestädte war davon nicht unbedingt betroffen, sondern die Hansekaufleute übertrugen das Transportgeschäft zuweilen nur auf die ehemaligen Konkurrenten, schöpften aber immer noch enorme Handelsgewinne ab. Die meisten ehemaligen Hansestädte waren daher ein Glied in dem sich im 17. Jahrhundert weiterentwickelnden Weltwirtschaftssystem. Im folgenden verlagerten sie auch die Handelsachsen zunehmend von den europäischen Binnenmeeren auf den Atlantikhandel und den Handel mit Südostasien. England, die Niederlande und später auch Frankreich stellten die neuen Handelsimperien dar. Zeitgleich wurde die erste öffentliche Bank in Venedig (1587; Bankgeschäfte mit ›Wechseln‹ wurden allerdings in Oberitalien schon seit dem 12. Jahrhundert durchgeführt) gegründet, und Börsen fanden immer mehr Verbreitung (Antwerpen 1531; Köln 1553; Hamburg 1558; Frankfurt am Main 1585). Diese neue Wirtschaftsweise führte dazu, dass enorme Kapitalströme flossen und auch Gelder immer wieder neu eingesetzt wurden. In der handwerklichen Produktion der Städte standen allerdings die streng reglementierten Zünfte einem ›Arbeiten‹ des Kapitals häufig im Weg. Ein Ausweg war die Investition im ländlichen Bereich. Es entwickelte sich dort schon im 16. Jahrhundert in einigen Regionen das ›Verlagswesen‹. Ein herumreisender Kaufmann (Verleger) stellte den Bauern oder Landarbeitern das Rohmaterial zur Verfügung (z. B. Leinen). Die zu Hause im Nebenerwerb produzierenden Bauern webten daraus die Stoffe, die der Verleger wieder abholte und dem Markt zuführte. Für viele Bauern bedeutete dies vor allem in kargen Zeiten von Ernteeinbrüchen eine Verbesserung ihrer Einkommenssituation. Für die Unternehmer bot sich so die Möglichkeit, ihr Kapital arbeiten zu lassen und Gewinne zu maximieren.

Trotz dieser neuen Entwicklungen, der Ausweitung des weltweiten Handelskapitalismus und einer Vorform industriellen Arbeitens im Verlagswesen ist es angesichts der herausragenden Bedeutung, die die traditionelle Landwirtschaft auch im 16. und 17. Jahrhundert noch hatte, fraglich, ob eine ganze

Epoche mit dem Begriff ›Frühkapitalismus‹ bezeichnet werden kann. Eine wesentlich effizienter arbeitende Landwirtschaft setzte erst im 18. Jahrhundert ein und schuf damit die Voraussetzungen für die dann beginnende Industrialisierung. Dennoch sind fortschrittliche Ansätze dieser neuen Wirtschaftsform schon in der Frühen Neuzeit sichtbar. Die Mehrzahl der Menschen, die immer noch in der Landwirtschaft beschäftigt waren, nahmen diese allerdings kaum als Aufbruch wahr. Ihr Erleben bestimmten vielmehr die beschriebenen Krisen durch Krankheiten und Missernten.

1.2 Der Augsburger Religionsfrieden: Ein vorerst tragfähiger Kompromiss

Auch auf politischer Ebene herrschte ein Krisenbewusstsein vor. Nach jahrelangen Kämpfen zwischen dem katholischen Kaiser und protestantischen Fürsten und Städten bot der Augsburger Religionsfrieden im Jahr 1555 einen vorerst tragfähigen Kompromiss.

Der Augsburger Religionsfrieden, ein von Ferdinand I., dem Bruder des Kaisers Karl V., und den Reichsständen auf dem Augsburger Reichstag verhandeltes Reichsgesetz, stellte den Landfrieden wieder her und garantierte reichsrechtlich das Nebeneinander von Katholiken und Anhängern des Augsburger Bekenntnisses (lat. *Confessio Augustana*, vgl. Quelle 2; zum Augsburger Bekenntnis siehe Pfitzer 2014, S. 71–73). Andere religiöse Gruppierungen der Reformationszeit wie Calvinisten oder Täufer wurden explizit nicht anerkannt. Die Reichsstände, d. h. diejenigen Körperschaften wie hochrangige Geistliche und Adlige sowie Städte, die einen Sitz im Reichstag hatten, bestimmten nunmehr, welche der beiden Konfessionen in ihrem Gebiet gelten sollte. Dies wurde später auf die lateinische Formel »cuius regio, eius religio« (»Wem das Land gehört, der bestimmt die Religion«) gebracht. Nicht leibeigene Individuen, die sich diesem Grundsatz nicht fügen wollten, erhielten das Recht zu emigrieren. Eine mögliche Vereinigung der beiden Konfessionen wurde zwar noch in Aussicht gestellt, konnte aber auf dem Wormser Religionsgespräch von 1557 nicht erreicht werden. Für Kaiser Karl V., der dem Verhandlungsergebnis seines Bruders nicht zustimmte, weil er eine konfessionelle Uneinheitlichkeit im Reich nicht akzeptieren wollte, bedeutete dies 1556 den Rücktritt vom Amt. Er war der letzte Kaiser, der noch nach mittelalterlicher Manier vom Papst in Rom zum Kaiser gekrönt worden war. Sein Rücktritt zeigte, dass die Herrschaftsidee mittelalterlicher Kaiser, eine umfassende Universalmonarchie aufzubauen, gescheitert war.

Konfliktpotenzial im Reichstag, der von 1556 bis 1613 insgesamt zwölfmal tagte, boten der sogenannte ›Geistliche Vorbehalt‹ und die ›Declaratio Ferdinandea‹, die den Kompromisscharakter des Augsburger Religionsfriedens sehr gut veranschaulichen. Der ›Geistliche Vorbehalt‹ besagt, dass ein geistlicher Reichsfürst (z. B. ein Erzbischof) in dem Moment das Anrecht auf Land und Herrschaft verliert, in dem er zum Protestantismus übertritt. Die katholische Seite hatte viele Kirchengüter an die protestantischen Stände verloren und wollte in Zukunft den Status quo absichern. Die protestantischen Reichsstände akzeptierten dies in der Praxis nie. Der königliche Erlass ›Declaratio Ferdinandea‹, der gesondert zum Augsburger Religionsfrieden von Ferdinand I. erklärt wurde, versicherte dem protestantischen Adel, den Städten und Gemeinden geistlicher Territorien die Freiheit der Religionsausübung. Damit wurde der Status quo, der durch die Reformation erreicht worden war, festgeschrieben. Dieser Erlass wurde in der Folge von den Katholiken nicht als rechtlich verbindlich anerkannt, weil er sich im Augsburger Religionsfrieden nicht explizit wiederfindet. Die Diskussionen bei den folgenden

Reichstagen über diese Probleme waren heftig und führten zu der Frage, nach welchem Verfahren im Reichstag Einigungen zu erreichen seien. Sollte durch Einstimmigkeit oder durch das Mehrheitsprinzip die Einigung (›concordia‹) erlangt werden? Als Konsequenz aus diesen intensiven reichsrechtlichen Diskussionen wurde im Westfälischen Frieden die sogenannte ›itio in partes‹ festgehalten, d. h., Reichsvorlagen, die die Konfessionen betrafen, wurden in einer katholischen und in einer protestantischen Gruppe vorher gesondert und konfessionell getrennt abgestimmt, so dass das Mehrheitsprinzip, aber auch die Einmütigkeit aller Mitglieder des Reichstags nicht mehr maßgeblich waren.

Ein großes Problem ergab sich aus der Nichtanerkennung des Calvinismus im Augsburger Religionsfrieden. In den Jahren nach 1555 entwickelte der Calvinismus aufgrund seines Missionseifers und seiner Attraktivität für die gebildete Oberschicht und die handwerkliche Mittelschicht eine große Dynamik. Seine Anhänger verstanden sich im Vergleich mit den Lutheranern als konsequentere Verfolger einer ›wirklichen‹ Reformation. Zahlreiche Städte und auch Fürsten wandten sich dem Calvinismus zu (z. B. 1562 die Pfalz; 1604 Hessen-Kassel). Daraufhin sprachen auch die Protestanten nicht mehr mit nur einer Stimme im Reichstag. Gerade im Vorfeld des Dreißigjährigen Krieges und auch während des Krieges wirkte sich dies fatal aus, da es eine gemeinsame ›protestantische‹ Sache nicht mehr gab.

Trotz dieser Probleme beförderte der Augsburger Religionsfrieden für eine bemerkenswerte Zeitspanne von über sechzig Jahren den Landfrieden. Zudem verbanden sich die Stände im Reichstag in einer Angelegenheit: in der Abwehr der ›Türkengefahr‹, die das gesamte Reich bedrohte. Vor allem seit der Eroberung Konstantinopels im Jahr 1453 durch das expandierende Osmanische Reich breitete sich in Europa eine Furcht vor

›den Türken‹, die mit den Anhängern des Islam gleichgesetzt wurden, aus. Italienische Humanisten verbreiteten das stereotype Schreckbild der ›Türken‹, die fürchterliche Kriegsgreuel verübt hätten und das Christentum in Europa insgesamt auslöschen wollten. Das Bild des ›Europäers‹ entwickelte sich zum ersten Mal in Abgrenzung zu dem als Bedrohung empfundenen Islam. Der Buchdruck begünstigte die Verbreitung dieses Türkenbilds. In der zweiten Hälfte des 16. Jahrhunderts wurde es genutzt, um die Bedrohung Ungarns, das nicht zum Reich gehörte, durch die Türken für die Reichsstände anschaulich zu machen. So wollten die Kaiser besondere Steuerzahlungen (›Türkensteuern‹) zur Unterstützung Ungarns erreichen. An ihre Zustimmung knüpften die Stände – vor allem die protestantischen – jedoch immer wieder Bedingungen. Dieser Konsensmechanismus zeigt die Funktionsfähigkeit des Reichstages, wenn es gegen einen gemeinsamen Feind ging. Deutlich wird das auch an der Zunahme und Eskalation konfessioneller Differenzen, nachdem 1606 ein Friede zwischen dem Osmanischen Reich und dem Heiligen Römischen Reich Deutscher Nation ausgehandelt worden war. Zum ersten Mal scheiterte ein Reichstag im Jahr 1608 aufgrund eines konfessionellen Konflikts in der Reichsstadt Donauwörth (s. S. 56 f.). Hier wie auch im Jahr 1613 gingen die Reichstage ohne Ergebnisse auseinander, was die Konfliktverschärfung vor dem Dreißigjährigen Krieg kennzeichnete. Mit Blick auf das Reich und seine europäischen Nachbarländer soll diese Entwicklung veranschaulicht werden.

1.3 *Konfessionsbildung*

Der Augsburger Religionsfrieden legalisierte eine Entwicklung, die schon vorher in den verschiedenen protestantischen Gebieten eingesetzt hatte: In den Fürstentümern verengte sich die religiöse Ausrichtung. Es entstanden allgemeinverbindliche ›Konfessionen‹ (d. h. ›Bekenntnisgruppen‹). Andere religiöse Gruppen wie die Täufer (Mennoniten oder Hutterer), die die Erwachsenentaufe proklamierten, wurden ausgegrenzt. Die Vereinheitlichung der kirchlichen Lehren, die Bildung der Untertanen und die Durchsetzung übereinstimmender religiöser Normen wurden vorangetrieben. Umstritten sind die Urheberschaft, die Wirksamkeit sowie die Bedeutung dieser Entwicklung (siehe Kap. II,1). Zweifelsohne setzte aber in dieser Zeit ein Prozess ein, der die religiöse Spaltung in Europa verfestigte und der bis heute nachwirkt. Die Ökumene, d. h. das Bestreben, die Spaltung der christlichen Kirchen in der Welt wieder zu überwinden, versucht heute, die in dieser Zeit sich verdichtenden Strukturen wieder aufzulösen und das Gemeinsame des christlichen Fundaments herauszustellen. In der zweiten Hälfte des 16. Jahrhunderts herrschte aber zunächst das Bedürfnis vor, das Trennende deutlich zu markieren. Diese Unterscheidung bot für die Landesherren neben einer durch das Gewissen hervorgerufenen Glaubensentscheidung die Gelegenheit, sich vom Herrschaftsanspruch des katholischen Kaisers abheben zu können. Gleichzeitig hatte das Konzil von Trient (1545–1563) auf katholischer Seite dafür gesorgt, die katholische Glaubenslehre prägnant darzustellen und damit auch den neuen Glaubensrichtungen entschieden entgegenzutreten. An drei Beispielen, am Luthertum, am Calvinismus und an den altgläubigen Katholiken, soll diese Entwicklung veranschaulicht werden.

Das Luthertum: Die Einrichtung einer Landeskirche in Württemberg

Das Herzogtum Württemberg führte 1534 die Reformation ein. Schon 1526 hatte der Kaiser auf dem Reichstag von Speyer den Ständen zugestanden, ihre Konfession selbst zu bestimmen. Die Reichstage von 1529 und 1530 mit der Verkündung des ›Augsburger Bekenntnisses‹ förderten die Entwicklung einer lutherischen Bekenntnisgruppe unter den Fürstentümern und Städten. Württemberg hinkte der Entwicklung zwar in der Anfangsphase hinterher, weil der Herzog Ulrich seinen Herrschaftsanspruch erst nach Lösung eines Konflikts mit dem Schwäbischen Bund und seiner Rückkehr aus dem Exil 1534 wieder durchsetzen konnte. In den folgenden Jahren schritt das Herzogtum aber einer lutherischen Konfessionsbildung durch eine bemerkenswerte Kirchenorganisation voran: An der Spitze der Kirche stand der württembergische Kirchenrat, das Konsistorium. Es unterstand direkt den Weisungen des Landesherrn, also des Herzogs. Es war zu gleichen Teilen mit juristischen Vertretern des Landesherrn und mit Theologen besetzt. Diese Struktur wurde 1547 auf eine nächste regionale Hierarchieebene (*Ordnungsebene*) übertragen. 23 Dekanate (*kleinere kirchliche Verwaltungseinheiten*) wurden gegründet, und 1553 wurden 23 Spezialsuperattendenten (*leitende Geistliche*) festgeschrieben. Sie hatten bei den sogenannten Visitationen die Aufgabe, die Pfarrer zu besuchen und zu begutachten, ob die Geistlichen die lutherische Lehre richtig verkündigten und eine gute Amts- und Lebensführung vorwiesen. Darüber hinaus sollten sie sicherstellen, dass die Gemeinde nach den christlichen Vorstellungen des Landesherrn lebte. Geregelt waren diese Vorstellungen z. B. vorher in einer Gottesdienstordnung, die eine neue, im Ablauf veränderte Form des Gottesdienstes festschrieb, sowie in einer Eheordnung. Letztere entkleidete die Ehe ihres Charakters als Sakrament, die sie in der altgläubigen katholischen Kirche weiterhin hatte. Die Ehe wurde weitgehend zu einer weltlichen Angelegenheit, die juristisch geordnet wurde: So wurde vorehelicher Geschlechtsverkehr z. B. unter Strafe gestellt, selbst wenn eine Verlobung vorlag. Das widersprach den bis dahin vor allem im ländlichen Bereich üblichen Sitten und Normen. Die Entwicklung einer Kirchenverfassung wurde 1559 mit der ›Großen Kirchenordnung‹ abgeschlossen, in der ein gemeinsames lutherisches Lehrgebäude (die *Confessio Virtembergensia* von 1552), ein Katechismus (*Handbuch zur Unterweisung im christlichen Glauben*), Schulordnungen (vgl. Quelle 3) sowie die schon genannten Veränderungen festgehalten wurden. Die württembergische Kirchenverfassung war das Vorbild für viele danach verfasste lutherische Kirchenordnungen und prägte auch das wichtige lutherische Kernland Kursachsen (vgl. Quelle 4). Bildung spielte bei der Entstehung der lutherischen Kirche eine wesentliche Rolle. In dieser Zeit wurden zahlreiche Schulen und Universitäten gegründet. Sie bildeten lutherische Pfarrer und Juristen aus, die als Beamte im Herrschaftsapparat dienen konnten. Die flächendeckende Alphabetisierung, die Luthers Hinwendung zur Bibel als herausragende Glaubensautorität vermuten lässt, erfolgte allerdings noch nicht, sie wurde annähernd erst im 19. Jahrhundert erreicht.

Eine überregionale Bedeutung hatte der Versuch, die lutherische Lehre in Auseinandersetzung mit dem Calvinismus klar zu formulieren. Die Konkordienformel von 1577, die 1580 von drei lutherischen Kurfürsten sowie vielen Fürsten (darunter auch vom Herzog von Württemberg) und Reichsstädten angenommen wurde, verwarf z. B. die calvinistische Abendmahlslehre, die es als rein symbolisch verstand, wurde aber nicht von allen evangelischen Ständen und Ländern akzeptiert. So verweigerten die Länder Dänemark und Schweden sowie ein Drittel der Reichsstände (u. a. Hessen-Kassel, Anhalt, Schleswig-Holstein und viele, vor allem süddeutsche Reichsstädte) die Zustimmung. Die Uneinigkeit des Protestantismus und auch des Luthertums selbst zeigte sich dann auch im Dreißigjährigen Krieg und auch noch im weiteren 17. Jahrhundert auf vielen Konfliktfeldern.

Der Calvinismus: Das Beispiel der Kurpfalz

Die Uneinigkeit des Luthertums hängt mit dem Erstarken des Calvinismus in der zweiten Hälfte des 16. Jahrhunderts zusammen: Viele der genannten Stände wandten sich dem Calvinismus zu. Am Anfang stand die persönliche Hinwendung des Kurfürsten Friedrich III. von der Pfalz zum Calvinismus im Jahr 1562. Gegen den Willen breiter Teile der Bevölkerung setzte er 1563 die Einführung des sogenannten *Heidelberger Katechismus* durch, ließ als »Prunk« verabscheute Altäre abbauen, veränderte die Gottesdienstordnung im calvinistischen Sinne und berief calvinistische Theologen in die Kurpfalz. Problematisch gestaltete sich die Duldung dieser Vorgehensweise durch den Reichstag, war doch die calvinistische Lehre entschieden vom Augsburger Religionsfrieden ausgeschlossen worden (vgl. Quelle 2, § 17). Friedrich III. setzte auf dem Reichstag von 1566 darauf, die calvinistische Kirche als dem ›Augsburger Bekenntnis‹ von 1530 zugehörig darzustellen, und hatte damit vorübergehend bei seinen politischen Standesgenossen auch Erfolg. Erst in den folgenden Jahren entwickelten sich Konfliktlinien innerhalb des Protestantismus. In Bezug auf die Kirchenorganisation hielt sich Friedrich III. nicht an den von Calvin geforderten Vorrang der Gemeinde, die nicht durch den Papst oder Bischöfe, sondern durch die Gemeindeglieder vor Ort ›von unten‹ bestimmt sein sollte. Das Konzept seiner ›von oben‹ ausgerichteten Organisationsform ging u. a. auf den Schweizer Reformator Zwingli zurück. Friedrich III. entwickelte eine Struktur, die der an der kirchlichen Obrigkeit ausgerichteten Organisationsform der lutherischen Gebiete ähnelte. Sie sollte die große Mehrzahl der reformierten Gebiete im Reich prägen. Diese reformierte Konfessionsbildung erfasste in der zweiten Hälfte des 16. und zu Beginn des 17. Jahrhunderts viele Grafschaften vorwiegend im Westen des Reiches wie im Rheinland, in der Pfalz, in Hessen-Kassel, in Westfalen und im Osten auch in Schlesien. Zudem entschieden sich viele Städte für den reformierten Glauben, so dass einige Historiker heute von einer »Zweiten Reformation« sprechen.

Die Altgläubigen: Die Reaktion der katholischen Kirche (Bayern und Würzburg): Die Rekatholisierung

Reform und Gegenbewegung zur protestantischen Bekenntnisbildung prägen die katholische Kirche im 16. und im 17. Jahrhundert. Parallel zur Reformation und in Reaktion auf die Reformatoren knüpfte die katholische Kirche an spätmittelalterliche Reformbewegungen an, nahm strategische und organisatorische Elemente der reformatorischen Bekenntnisbildung auf und stärkte das katholische Lehrprofil. Erfolge erzielte die Rekatholisierung vorher protestantischer Gebiete im wesentlichen erst gegen Ende des 16. Jahrhunderts und im 17. Jahrhundert, zum Beispiel im Hochstift Würzburg.

Eine entscheidende Wegmarke zur katholischen Reform war das Konzil von Trient von 1545 bis 1563. In der ersten Phase des Konzils (1545–1547) versicherten sich die Teilnehmer ihrer tradierten Lehrinhalte, nahmen wesentliche Ansätze der katholischen Reformbewegung des 15. und beginnenden 16. Jahrhunderts auf und grenzten sich so von den Reformatoren ab. Nach einer nicht so ertragreichen Zwischenphase stärkte das Konzil in der dritten Phase (1561–1563) die Führungsposition des Papstes und die Leitungsfunktion der Bischöfe. So sollten auch in den bischöflichen Verwaltungsbezirken (Diözesen) regelmäßig Visitationen durchgeführt werden. Wie bei Lutheranern und Calvinisten kam es in der Folge zur Ausbildung eines gesonderten katholischen Bekenntnisses (*Professio fidei Tridentinae*, 1564) und eines Katechismus (1566). Der katholische Gottesdienst wurde erstmals vereinheitlicht. Träger dieser Reformen war der neugegründete Jesuitenorden: Er leitete maßgeblich die neugegründeten Schulen, Universitäten und Priesterseminare, die dafür sorgten, dass gebildete und von der katholischen Lehre tief überzeugte Absolventen die kirchlichen Lehr- und landesherrlichen Verwaltungsfunktionen innehatten. Diese Reform war aber nur in den Gebieten wirksam, wo sie auch entschieden umgesetzt wurde. Das war in vielen Bistümern zunächst nicht der Fall, da die meisten Bischöfe aus dem Reich nicht am Trienter Konzil teilgenommen hatten. Zwei Beispiele der Umsetzung sollen vorgestellt werden: Bayern und Würzburg.

Das Herzogtum Bayern wurde der entschiedenste Hort der katholischen Gegenreformation. Hier unterlagen die reformatorischen Schriften schon früh einer konsequenten Zensur. Nur den Adligen wurde gestattet, Elemente der reformatorischen Lehre anzunehmen. Dadurch konnte die Reformation in Bayern nie richtig Fuß fassen. Das verweist auf die Bedeutung der Kommunikation in der Reformation (vgl. Pfitzer 2014, S. 55–57) und in der Epoche der Konfessionsbildung. In Bayern wurde die Zensur nach dem Trienter Konzil noch entschiedener durchgeführt. Die dort gefassten Beschlüsse wurden ferner in den bayerischen Kirchen, Amtsstuben, Schulen und Universitäten schnell umgesetzt, indem die betroffenen Geistlichen, Beamten, Lehrer und Professoren zügig auf das Tridentinische Glaubensbekenntnis eingeschworen wurden. Eine neugeschaffene landesherrliche Kirchenbehörde (der ›Geistliche Rat‹) führte bereits 1569/70 eine allgemeine Kirchenvisitation durch. Das Leben des Kirchenvolks wurde auch in der Folge eng überwacht. Jesuiten durften Schulen gründen und missionieren, Nichtkatholiken wurden des Landes verwiesen.

Der Fürstbischof von Würzburg, Julius Echter von Mespelbrunn (1545–1617), bietet ein weiteres Beispiel einer erfolgreich durchgeführten katholischen Konfessionsbildung. Echter, u. a. von Jesuiten ausgebildet, trieb nach seiner Wahl zum Fürstbischof 1573 entschieden die Gegenreformation im Hochstift (einem Gebiet, in dem ein Bischof als Landesherr die Herrschaft ausübt) Würzburg voran. Der landständische Adel und die Stadtbevölkerung Würzburgs hatten sich schon ca. zwanzig Jahre vor dem Amtsantritt Echters dem Protestantismus zugewandt, auch viele Schulen waren schon evangelisch geführt. Echter übte im Sinne der Trienter Beschlüsse mit Unterstützung Bayerns Druck auf Protestanten aus, die nicht zum Katholizismus übertreten wollten. Ab 1577 zwang er 120 protestantische Pfarrer zur Auswanderung. Regierungs- und Beamtenstellen wurden mit willfährigen katholischen Bürgern besetzt, Lehrer mussten vor ihrer Zulassung zum Lehramt katholisch gebeichtet haben. In einer großangelegten Visitation nahm Echter für sich in Anspruch, 100 000 Untertanen wieder zum katholischen Glauben geführt zu haben. Bis 1587 musste schließlich jeder auswandern, der nicht katholisch war. Parallel dazu gründete Echter 1582 die Universität Würzburg. Hier stellten Jesuiten in der juristischen und in der theologischen Fakultät viele Dozenten. Studieren durfte nur, wer vorher das Tridentinische Glaubensbekenntnis abgelegt hatte. Echter gründete auch Schulen und förderte katholische Frömmigkeitsformen (z. B. Prozessionen, Reliquienkult). Sein Vorgehen spielte eine Vorreiterrolle innerhalb der katholischen Rekatholisierung, die in anderen Gebieten nicht so erfolgreich und nicht so zeitig erfolgte. Die Konfessionsbildung wurde z. B. in den Gebieten Österreichs, die den Habsburgern unterstanden, viel später und nicht so effektiv vorangetrieben.

Konfessionsbildungsprozesse in Europa

Auch in den Nachbarländern zum Heiligen Römischen Reich Deutscher Nation hatte die Reformation wesentliche Auswirkungen. Während in Spanien, Portugal und Italien die Reformation keinen Fuß fassen konnte, zeigte sich ihre Attraktivität in Frankreich, England, der Schweiz, den Niederlanden, Skandinavien und Polen. Prägend war dabei vor allem der Calvinismus. Dieser hatte in der schweizerischen Eidgenossenschaft, die sich seit dem Spätmittelalter von der Habsburgerherrschaft losgelöst hatte, seinen Ursprung. Schon ab 1523 hatte der Züricher Huldrych Zwingli die Reformation begonnen. In den ersten europäischen Religionskriegen von 1529 und 1531 einigte sich die als lockerer Bund organisierte Eidgenossenschaft auf einen Kompromiss. Einige Städte wurden reformiert (z. B. Zürich, Basel, Bern), andere blieben katholisch (z. B. Luzern, Zug). Die Eidgenossenschaft war aber der Ausgangspunkt, von dem aus die reformierte Lehre sich in ganz Europa ausbreiten konnte. Dies hatte vor allem damit zu tun, dass die Anhänger Zwinglis und des Genfer Reformators Johannes Calvin sich auf ein Abendmahlsverständnis als ›Erinnerungsmahl‹ einigen konnten (vgl. Pfitzer 2014, S. 52 f.). Der Calvinismus, wie sich diese Glaubensrichtung nun gemeinhin nannte, breitete sich erfolgreich in Frankreich, England und den nördlichen Niederlanden aus. In Frankreich führte dessen Ausbreitung zu einer Zeit konfessionell begründeter Bürgerkriege (1562–1598). Die Hugenotten, so die Bezeichnung der Calvinisten in Frankreich, hatten nur ca. eine Million Anhänger, vor allem aber die gehobenen und gebildeten Schichten der Gesellschaft hatten sich der neuen Glaubensgruppe angeschlossen. Im Edikt von Nantes (1598) kam es zur Tolerierung der Hugenotten. Teile West- und Südfrankreichs verwalteten sie nun eigenverantwortlich. In den folgenden Jahrzehnten erstarkten aber die gegenreformatorischen Kräfte und am Ende des 17. Jahrhunderts wurden die meisten Hugenotten aus Frankreich vertrieben. In England verlief die Geschichte unter anderen Vorzeichen: Hier wurden die Katholiken seit der Einführung der anglikanischen Staatskirche (*Church of England*) 1531 unter Heinrich VIII. und besonders unter der Herrschaft von Elisabeth I. (1558–1601) bedrängt und vertrieben, bevor ab ca. 1620 die Verfolgung nachließ. Dennoch schrumpften die katholischen Gemeinden zahlenmäßig, während die Puritaner, so die Bezeichnung der Anhänger Calvins in England, neben der anglikanischen Staatskirche und zahlreichen kleineren protestantischen Gruppierungen an Stärke gewannen. In den nördlichen Niederlanden wiederum stand die Ausbreitung des Protestantismus im engen Zusammenhang mit der Loslösung von der spanischen Oberherrschaft. Die Burgundischen Niederlande, die die heutigen Niederlande, Belgien und Luxemburg umfassten, wurden unter Kaiser Karl V. in der ersten Hälfte des 16. Jahrhunderts unter eine zusammenhängende Herrschaft der Habsburger gebracht. Die alten Eliten des niederländischen Adels behielten dabei im Wesentlichen ihre ständischen Vorrechte. Als unter dem Nachfolger Karls, Philipp II., ab 1555 ein zunehmender Abbau der ständischen Privilegien und des Einflusses der alten Eliten einsetzte und der sich ausbreitende Calvinismus von der spanischen Ketzerverfolgung (›Inquisition‹) rigoros unterdrückt wurde, regte sich Widerstand. Der Konflikt eskalierte, als alle diplomatischen Versuche zur Veränderung der spanischen Politik ohne bleibende Erfolge blieben und sich 1566 niederländische Adlige zu einem Adelsverbund zusammenschlossen. Philipp II. bekämpfte den Adelswiderstand mit rigoroser militärischer Gewalt und ließ selbst kompromissbereite Adlige wie den Grafen Egmont von Hoorn hinrichten. Dies führte zu einem entschlossenen Widerstand der niederländischen Opposition unter ihrem militärischen und politischen Anführer Wilhelm von Oranien, Graf von Nassau und Fürst von Oranien. Da ein Kompromiss nicht mehr möglich war, erklärten sich die Vereinigten Generalstaaten der Niederlande für unabhängig. Die Austragung des Konflikts im sogenannten »Achtzigjährigen Krieg« (1568–1648), der keineswegs ununterbrochen andauerte, führte schließlich 1648 zur endgültigen Anerkennung der Unabhängigkeit der nördlichen

Niederlande. Die südlichen Niederlande blieben weiterhin unter habsburgischer Oberhoheit (Spanische Niederlande). Die katholische Minderheit wurde in den nördlichen Niederlanden zwar offiziell mit vielen Verboten belegt (Gottesdienstverbote, Schließung katholischer Schulen, Zensur), inoffiziell aber konnte sich der alte Glaube in einigen Gebieten der nördlichen Niederlande halten, weil es an zentralstaatlichen Einrichtungen fehlte, die eine Umsetzung der Verbote gewährleisten konnten. In der Mitte des 17. Jahrhunderts waren dort immerhin noch 38 Prozent der Einwohner katholisch.

In den skandinavischen Königreichen Dänemark und Schweden hatte sich schon vor 1550 das Luthertum durchgesetzt. Während Dänemark mit Wittenberger Unterstützung schon bald auf eine geordnete Struktur mit lutherischer Kirchenordnung und lutherischem Bekenntnis zurückgreifen konnte, erfolgte in Schweden eine derartige Institutionalisierung erst am Ende des 16. Jahrhunderts, weil ab 1568 unter König Johann III. eine zwischenzeitliche Annäherung in der Liturgie und in der Lehre an die katholische Kirche stattfand. Nach dem Tod des Königs 1592 erklärten auf der Synode von Uppsala 1593 die anwesenden Bischöfe die lutherische *Confessio Augustana* von 1530 als gültig und erklärten allein die Bibel (und nicht auch die Kirchenväter, wie noch von Johann III. konstatiert) als diejenige Autorität, die der christlichen Glaubenslehre als Fundament dienen könne. Damit war die lutherische Bekenntnisbildung zu einem Abschluss gelangt, ohne dass Schweden sich der Konkordienformel anschloss. Beide skandinavischen Königreiche griffen später entscheidend in den Dreißigjährigen Krieg ein, wobei die Religion eine nicht unwichtige Rolle spielte.

Polen-Litauen stellte in Mitteleuropa einen weiteren wichtigen Machtfaktor dar. Schon seit 1386 regierte ein Herrscher beide Reiche in Personalunion. Polen-Litauen kennzeichnete eine Vielfalt von Volksgruppen und unterschiedlichen Glaubensrichtungen. Als das Geschlecht der litauischen Jagiellonen ausstarb, verbanden sich Polen und Litauen 1569 zu einem Unionsstaat, der nun als Wahlmonarchie geführt wurde. Der in Polen-Litauen für europäische Verhältnisse sehr zahlreiche Adel (ca. 10 Prozent der Bevölkerung) wählte fortan nicht nur die Könige, sondern nahm auf den regelmäßig tagenden Reichstagen auf die politischen Entscheidungen mehr Einfluss als andere Adlige in Europa. Da mehr Menschen bei der politischen Meinungsbildung mitredeten, war auch die Religionspolitik für die Zeit sehr fortschrittlich. 1573 verpflichteten sich die Teilnehmer des polnischen Reichstags, den Frieden zwischen den streitenden Glaubensparteien zu wahren, auf Blutvergießen aufgrund von unterschiedlichen Glaubensauffassungen zu verzichten sowie Bestrafungen der Andersgläubigen durch Einzug der Güter, Beraubung der Ehre, Verhaftung oder Exil zu unterlassen. Zusätzlich sollten alle künftigen Kandidaten für den Königsthron bei ihrer Wahl schwören, sich für den Frieden zwischen den Konfessionen einzusetzen. Diese ›Warschauer Konföderation‹ war Ausdruck des Willens des adligen Standes, untereinander in Frieden zu leben. Sie gilt zwar als ›Meilenstein der Glaubensfreiheit‹, bezog sich aber zunächst nur auf die adlige Schicht; die Bauern waren von ihr ausgeschlossen. Praktisch wurden in Polen nun aber in den Herrschaftsbereichen der jeweiligen Adligen sehr unterschiedliche Glaubensgruppen toleriert. In Zeiten religiöser Verfolgungen wurde Polen-Litauen immer mehr zu einem ›sicheren Hafen der Toleranz‹. Täufer und Böhmische Brüder waren schon vor 1573 vor allem aus wirtschaftlichen Gründen aufgenommen worden. Während des Dreißigjährigen Krieges fanden Glaubensflüchtlinge z. B. aus Böhmen in Polen Zuflucht. Die katholische Herrscherdynastie der Wasa (auf dem polnischen Thron von 1587 bis 1672), die sich bis 1660 in ständiger Auseinandersetzung mit Schweden wegen ihrer Ansprüche auf den schwedischen Thron befand, setzte im 17. Jahrhundert langsam einen Schub der Rekatholisierung des Landes durch, der noch bis heute nachhaltige Wirkung zeigt. Heute ist Polen fast durchweg katholisch. Diese Entwicklung ist im Wesentlichen auf die schwierige Zeit der nationalen Identitätsbildung während der Zeit der Teilungen Polens seit dem Ende des 18. Jahrhunderts, auf die massiven Migrationsbewegungen aus und nach Polen im 20. Jahrhundert und die nationalsozialistische Vernichtungspolitik zurückzuführen.

Vergleicht man die drei vorgestellten Konfessionsbildungsprozesse in Deutschland und auch die in anderen europäischen Ländern miteinander, so lassen sich viele Ähnlichkeiten in der Organisation des Kirchenwesens und in der Durchsetzung der eigenen Konfession feststellen. Dieser Vorgang zeichnet sich vor allem durch die Festschreibung auf ein Glaubensbekenntnis, die konfessionelle Ausbildung in Schulen und Universitäten und die Durchsetzung von konfessionellen Glaubensmaximen oder -praktiken aus. Auffallend ist die dabei herausragende Rolle der territorialen Machthaber. Dieser Sachverhalt führt zu sehr unterschiedlichen Bewertungen des Vorgangs der Konfessionsbildung, da viele Historiker hier eine Verbindung ziehen zur Ausbildung einer modernen Staatlichkeit (siehe Kap. II,1). Die Entwicklung der modernen Staatlichkeit ist allerdings ein Vorgang, der auch ohne die Einwirkungen der Konfessionen in der ›Zwischenzeit‹ nach 1555 zumindest vorbereitet wurde.

1.4 Die Entwicklung einer modernen Staatlichkeit

Unter einem modernen Staat verstehen wir heute etwas, was zu Beginn des 16. Jahrhunderts im Wortverständnis der Zeitgenossen noch nicht vorhanden war. Damals verstand man darunter, vom lateinischen *status* (Stand, Zustand, Stellung) entlehnt, ein Landgut oder im Plural die Besitzungen eines Fürsten und eine Verfassungsform (Republik, Königreich etc.). Im deutschen Sprachgebrauch meinte *stat* den ›Hofstaat‹, d. h. die am Fürstenhof eingerichteten Formen von Repräsentation und Herrschaft. Im 19. Jahrhundert erklärten deutsche Staatsrechtler den ›Staat‹ zur Rechtsperson und fassten diesen Begriff weiter: Ein Staat ist demnach durch eine einheitliche Staatsgewalt gekennzeichnet, die allein das Recht hat, Gewalt anzuwenden; die Herrschaft erstrecke sich auf ein klar abzugrenzendes Territorium und umfasse ein Staatsvolk, das eine einheitliche Sprache vorweise und gleiche Rechte und Pflichten habe. Im Heiligen Römischen Reich Deutscher Nation entwickelte sich die Ausbildung des ›Staates‹ vornehmlich in den Territorien, da der Kaiser besonders nach 1555 umfassende Herrschaftsansprüche gegenüber den ca. 1000 kleinstaatlichen Gebilden im Reich nicht durchsetzen konnte. Trotz allem wird auch auf der Reichsebene ein gewisser Fortschritt in der Ausbildung der Reichsorganisation gesehen, der die Herausbildung eines einheitlichen Staatswesens hätte fördern können. So fanden regelmäßig Reichs- und Kreisversammlungen statt, die ihre Organisationsweise verfeinerten. Die auf den Reichstagen beschlossenen Steuern (z. B. die ›Türkensteuer‹) übertrafen das vorher Gekannte und wurden meist auch von allen Reichsständen gezahlt. Es bildeten sich regionale Unterorganisationen (Reichskreise), die z. T. auch wirksam arbeiteten (z. B. bei der Steuererhebung). Das Reichskammergericht wirkte besonders nach 1555 durch einige Reformen effizienter als zuvor. Die wesentliche Ausbildung der Staatlichkeit erfolgte jedoch in den Territorien: An den Fürstenhöfen versuchten die Fürsten selbst zu regieren, immer häufiger nahmen kleine Gruppen von Fachleuten die Vorbereitungen der Entscheidungsfindung in die Hand. Nach verschiedenen Bereichen eingeteilte Hofräte (Justiz und Verwaltung, Finanzen, persönliche Belange des

Fürsten, Konfessionsfragen und nach 1618 auch der Kriegsrat) standen Zentralbehörden vor. Gut ersichtlich wird dies für den kirchlichen Bereich anhand der Kirchenorganisation Kursachsens (Quelle 4). Ähnliches vollzog sich auch in den anderen Ressorts, wobei die Einführung zu unterschiedlichen Zeiten stattfand: in den Landesherrschaften des Südens schon häufig in der ersten Hälfte des 16. Jahrhunderts, im Norden erst in der zweiten Hälfte des Jahrhunderts. Notwendig wurde diese Bürokratisierung der Herrschaft, weil die Aufgabenbereiche sich vervielfachten. Die Territorialherren setzten viel Energie ein, um ihre Herrschaft aufwendig zu repräsentieren (z. B. Bau von Schlössern, teure Hofhaltung), und wollten auch nach außen durch kostspielige Kriegführung ihr Gebiet erweitern. Triebfedern waren sowohl die Rivalität mit anderen Herrschaften als auch das Vorbild europäischer Herrschaftshäuser, die eine solche Entwicklung vorexerziert hatten (z. B. Spanien, Frankreich). Der Preis dafür war eine zunehmende Verschuldung. Neue Einnahmequellen sollten durch eine erweiterte und besser organisierte Verwaltung erschlossen werden (z. B. möglichst lückenlose Steuererfassung). Dazu war eine Ausweitung der Herrschaftsbereiche notwendig. Die Territorialherren versuchten daher, Herrschaftsrechte, die im mittelalterlichen Personenverband den Grundherren zugewiesen waren, in ihrer Hand zu bündeln und so möglichst von einer Zentrale ausgehend eine einheitliche Herrschaftsausübung über ein Gebiet zu gewährleisten. Der mittelalterliche bäuerliche ›Grundhold‹ oder Hörige sollte im frühneuzeitlichen Flächenstaat theoretisch nur noch dem Landesherrn verpflichtet sein. Dazu musste das häufig zersplitterte Herrschaftsgebiet des Landesherrn zusammengeführt werden: Tausch, Handel oder Kriegführung waren Mittel zur Einhegung des eigenen Herrschaftsgebietes. Die ehemaligen Grundherren oder regionalen Machteliten (z. B. Klöster, Landadlige oder Städte) wurden in dieses

System derart integriert, dass ihnen als ›Landständen‹ eine Mitwirkung an der regionalen Herrschaft zugewiesen wurde. Wichtigstes Recht der Landstände war die Steuerbewilligung, aber sie waren z. B. auch bei der Bewilligung von Gesetzen oder bei der Einstellung von Beamten gefragt. Die Macht der Landstände war daher groß, und der Landesherr musste immer zu einem Ausgleich mit diesem Machtfaktor kommen. Zu einem ›Staat‹ im modernen Sinn kam es auf der territorialen Ebene in der Zeit von 1555 bis 1648 auf deutschem Gebiet daher noch nicht, allerdings verschob sich bis zum Ende des 18. Jahrhunderts die Machtbalance in Richtung des Landesherrn, in einigen Gebieten zuungunsten der Stände. Von da an kann man von einem ›Staat‹ im modernen Sinn sprechen. Mit Gründung der Europäischen Union wird die Bedeutung des Nationalstaats partiell zurückgedrängt. Gerade für das Verständnis der föderalen Organisation der Bundesrepublik ist die Ausbildung dieser Form der Staatlichkeit in den frühneuzeitlichen Territorien maßgeblich. Ein Zentralstaat wie in Frankreich ist auch aus historisch gewachsenen Gründen in der Bundesrepublik nicht durchsetzbar und für viele auch nicht erstrebenswert gewesen.

1.5 *Kommunikationsrevolution*

Die sich neu ausbildenden staatlichen Strukturen in den verschiedenen Regionen und Ländern begünstigten auch den grundlegenden Wandel in der Kommunikation, der mit Johannes Gutenbergs Erfindung des Buchdrucks mit beweglichen Lettern 1450 eingesetzt und in der Reformation seine herausragende Bedeutung entfaltet hatte. Das Postwesen entstand auf Initiative der Habsburger, die das neu hinzugekommene Burgundische Erbe mit dem österreichischen Kernland postalisch verbinden wollten. Kaiser Maximilian I. beauftragte daher

1490 das Privatunternehmen der Familie Taxis (später Thurn und Taxis), eine regelmäßige Poststrecke von Innsbruck nach Brüssel einzurichten. Schon bald nutzten aber auch Handelshäuser dieses Kommunikationsnetz, das in der Folge noch räumlich ausgeweitet wurde (z. B. Antwerpen–Rom). Politische und wirtschaftliche Informationen konnten in dem sich ausbildenden Welthandelssystem nun besser ausgetauscht werden. Es entstand im 15. und 16. Jahrhundert ein öffentlich nutzbares Postwesen, das über das bisherige Botenwesen weit hinausging. Briefe und handschriftlich verfasste ›Zeitungen‹, d. h. Zusammenfassungen von Neuigkeiten, die z. B. vom Kaiserhof, von Fürsten oder auch von Handelshäusern gelesen wurden und somit einen exklusiven Kreis erreichten, konnten nun recht schnell (Brüssel–Rom in 11 bis 12 Tagen im Jahr 1516) verbreitet werden. Einen wesentlichen Entwicklungssprung bedeutete der Druck dieser Zeitungen und damit die bedeutende Ausweitung des Leserkreises. 1605 ließ der Straßburger Drucker Johann Carolus die *Relation* drucken, womit die erste regelmäßig erscheinende Zeitung vorlag. Drucker aus anderen Städten zogen schnell nach und sorgten dafür, dass wöchentlich, nach dem Takt der Postreiter, neue Nachrichten relativ preiswert einem großen überregionalen Leserkreis zur Verfügung gestellt werden konnten. Obwohl die Entwicklung des modernen Zeitungswesens in vielen Einzelschritten erfolgte (Ausbildung des Postwesens – handschriftliche Zeitungen – gedruckte Zeitung), sprechen viele Historiker von einer ›Kommunikationsrevolution‹, weil sich mit dem Zeitungswesen ein fundamentaler Wandel in der frühneuzeitlichen Gesellschaft abzeichnete: die Voraussetzungen zur Entstehung von ›Öffentlichkeit‹. Informationen waren nun nicht mehr ausschließlich einer kleinen Herrschaftselite vorbehalten, sondern wurden zunehmend im öffentlichen, frei zugänglichen Diskurs ausgetauscht. Einschränkend ist zu erwähnen, dass die noch ausstehende flächendeckende Alphabetisierung, der fehlende finanzielle oder räumliche (z. B. auf dem Land) Zugang zu Zeitungen und die obrigkeitliche Zensur der Ausbildung einer Öffentlichkeit im modernen Sinn entgegenstanden. Diese Art von ›Öffentlichkeit‹ konnte erst im Zuge der Aufklärung und der folgenden Zeiten erreicht werden. Bei der Entwicklung von ›Öffentlichkeit‹ sind besonders die Medien der Flugschrift und des Flugblattes zu nennen, die vor allem in der Reformation, aber auch unmittelbar vor und im Dreißigjährigen Krieg viel zur konfessionellen und politischen Meinungsbildung beitrugen (vgl. Quellen 7, 9). Hinzu kommt auch der Buchdruck selbst, der allerdings noch eine weitere Funktion hatte: Bücher sicherten den nachhaltigen Austausch relevanter Informationen und machten so vor allem in der Wissenschaft die überregionale und dauerhafte Sicherung von Erkenntnissen möglich. Das führte zu Fortschritten in den Wissenschaften und begünstigte wissenschaftliches Arbeiten im modernen Sinne maßgeblich.

1.6 Bildung und Wissenschaft

Wissenschaft fußt auf einer soliden Schulbildung, die in der Frühen Neuzeit nur eingeschränkt gewährleistet war. Bildung erlangte der Großteil der Bevölkerung vorwiegend aus dem Wissen, das die ältere Generation den Jüngeren durch mündliche Erzählungen und Anweisungen weitergab. Nur ca. fünf Prozent der Bevölkerung konnten zu Beginn der Frühen Neuzeit schreiben, wobei der Anteil von Frauen darunter verschwindend gering war. Die Alphabetisierung schritt langsam und mit Unterbrechungen im 17. Jahrhundert und 18. Jahrhundert voran. Auch die Schulpflicht setzte sich erst im 19. Jahrhundert durch, und der Zugang zu Bildung hing davon ab, ob die Eltern dem Kind diese finanziell ermöglichen konnten. In der Elementarschule wurden hauptsächlich Lesen und Schreiben und die Grundrechenarten vermittelt. Die Qualität des Unterrichts war abhängig vom Bildungsstand der angestellten Lehrer, und deren Bildung oft gering. Insgesamt war die Situation auf dem Land wesentlich schlechter als in der Stadt, da dort die Kinder bis auf die Wintermonate und an Sonntagen in der heimischen Landwirtschaft mitarbeiten mussten. Lutheraner und Calvinisten legten von ihrem Selbstverständnis her Wert auf das eigene Lesen der Bibel oder der Katechismen, so dass aus religiösen Gründen Grundkenntnisse selbständiger sprachlicher Aneignung erwünscht waren (vgl. Quelle 3). So konnten z. B. in von Katholiken und Calvinisten bewohnten Gebieten in Frankreich oder den Niederlanden bei weitem mehr Anhänger Calvins lesen und schreiben als Katholiken. Dieser Unterschied hängt allerdings auch mit der Attraktivität dieser Glaubensrichtung für die mittleren und gehobenen Schichten zusammen. Die Lateinschulen oder Gymnasien, die zu höheren Bildungszielen führen sollten, oder gar die Universität waren nur wenigen, häufig begüterten Kindern vorbehalten. Es gab allerdings auch schon in dieser Zeit Stipendien für in der einen oder anderen Weise Bevorzugte.

Gerade die höheren Schulen und die Universitäten wurden im Prozess der Konfessionsbildung durch die Territorialherren gefördert. Viele der von protestantischen Konfessionen dominierten Regionen verzeichneten im Zeitraum von 1550 bis 1650 durch Schul- und Universitätsgründungen eine Verbesserung des Bildungsniveaus. Es gab aber große regionale Unterschiede, und die Entwicklungen verliefen auch mit vielen Unterbrechungen. Besonders die Jesuiten sorgten mit katholischen Schul- und Universitätsgründungen dafür, dass höhere Bildungseinrichtungen auch Katholiken offenstanden und der protestantische Bildungsvorsprung aufgeholt werden konnte. Begünstigt wurden diese Neugründungen von den Territorialherren, die für die Besetzung des sich entfaltenden Verwaltungsapparats und auch für die Pfarrstellen nach gut ausgebildeten Kräften verlangten (vgl. Quelle 3). Eine Universitätsausbildung (wenn auch nicht notwendigerweise mit einem Abschluss) war dafür Voraussetzung. Die Universität war damit wesentlich für die Ausbildung notwendiger Fachkräfte zuständig, bot aber auch die Möglichkeit, eine umfassende Grundbildung in den ›Freien Künsten‹ (Grammatik, Rhetorik und Logik [Trivium] sowie Arithmetik, Geometrie, Musik und Astronomie [Quadrivium]) zu erlangen. Diese galten als Grundvoraussetzung für die drei Studienfächer Theologie, Recht und Medizin. Wissenschaftliches Forschen allerdings war keine Aufgabe der frühneuzeitlichen Universität. Die Universität schuf dazu aber dennoch Grundvoraussetzungen. Häufig – vor allem im Heiligen Römischen Reich Deutscher Nation – boten Fürsten- oder Königshäuser Wissenschaftlern die materiellen Möglichkeiten, neue Gedanken zu fassen.

Als Beispiele können dafür die beiden wichtigen Naturwissenschaftler Johannes Kepler (1571–1630) und Galileo Galilei (1564–1642) gelten, die die Naturwissenschaften durch ihre Forschungen, die das alte ptolemäische Weltbild ins Wanken brachten und das neue heliozentrische Weltbild stützten, wesentlich veränderten. Johannes Kepler wurde als lutherischer Sohn einer Gastwirtstochter und eines wenig erfolgreichen Händlers und späteren Gastwirts in der freien Reichsstadt Weil der Stadt bei Stuttgart geboren und durchlief Lateinschule und Gymnasium. Trotz der finanziellen Probleme seines Elternhauses studierte er ab 1589 Theologie am Evangelischen Stift in Tübingen, das 1536 im Zuge der Einführung der Reformation von Herzog Ulrich zur Ausbildung des theologischen Nachwuchses gegründet worden war. Kepler interessierte sich in seiner Grundausbildung in den ›Freien Künsten‹ vor allem für die Astronomie und die Mathematik. In diesem Zusammenhang machte ihn sein akademischer Lehrer auch mit dem heliozentrischen Weltbild des Nikolaus Kopernikus, das 1543 veröffentlicht worden war, bekannt. Hier begann Kepler seine Forschungen zur kopernikanischen Kosmologie. Er wandte sich nun von seinem Studienziel, evangelischer Theologe zu werden, ab, verlor aber nie seine tiefen Glaubensüberzeugungen. Ab 1594 lehrte er Mathematik an der Evangelischen Stiftschule in Graz, die in Konkurrenz zur im Zuge der Gegenreformation 1585 gegründeten katholischen Universität von Graz die lutherische Konfession stützen sollte. Da die Rekatholisierung in Graz voranschritt, nahm Kepler 1600 ein Angebot des bedeutenden dänischen Astronomen Tycho Brahe an, in Prag am konfessionell offen eingestellten Hof des Kaisers Rudolf II. als Assistent des Hofmathematikers zu arbeiten. Nach dem Tod Brahes übernahm Kepler dessen Posten und übte ihn auch für die folgenden beiden Kaiser Matthias I. und Ferdinand II. bis zu seinem Tod aus. Das reichte allerdings für seinen Lebensunterhalt nicht aus. Von 1612 bis 1626 hatte er eine Professur für Mathematik in Linz inne. Von 1627 bis 1630 fand er in dem Kriegsunternehmer Albrecht von Wallenstein einen Förderer. Kepler starb schließlich 1630 in Regensburg. Er arbeitete in seiner Tätigkeit als Hofmathematiker an den Rudolfinischen Tafeln, die für lange Zeit die Grundlage für die genaue Berechnung der Planetenpositionen darstellten. Kepler kam durch seine grundsätzlichen Herangehensweisen an die Naturwissenschaft, die sich von einem sturen Nachbeten der Positionen des altgriechischen Philosophen Aristoteles – wie es damals noch üblich war – verabschiedeten (vgl. Quelle 5), zu bahnbrechenden neuen Erkenntnissen: Er korrigierte die Ansicht von Kopernikus, indem er nachwies, dass die Planeten sich aufgrund einer von der Sonne ausgehenden Kraft statt auf einer Kreisbewegung vielmehr auf einer elliptischen Bahn bewegten, berechnete die Abstandsverhältnisse der ersten sechs Planeten des Sonnensystems zueinander und schrieb ein Grundlagenwerk über das astronomische Fernrohr. Seine Forschung war religiös motiviert, suchte er doch als Mathematiker nach dem Plan der Schöpfung »im Buch der Natur« (Quelle 5). Diese Verquickung von religiöser Motivation, die zuweilen sogar mit magischen oder naturphilosophischen Elementen vermischt war, mit wissenschaftlichem Fortschritt ist nicht ungewöhnlich für die Naturwissenschaftler des 17. Jahrhunderts. Sie findet sich später noch bei vielen englischen Naturwissenschaftlern wie zum Beispiel Isaac Newton (1643–1727), der schließlich 1684 mit seinen Forschungen zur Gravitation den endgültigen Beleg für die Richtigkeit des heliozentrischen Weltbilds lieferte. Das ist deshalb bemerkenswert, da der häufig am Beispiel von Galileo Galilei dargelegte Gegensatz zwischen aufbrechender Naturwissenschaft und (katholischer) Kirche eben nicht auf die Unvereinbarkeit zwischen Religion und Naturwissenschaft zurückzuführen ist. Gerade Beispiele englischer Naturwissenschaftler des 17. Jahrhunderts widerlegen diese recht gängige Vorstellung. Hier wirkte die Religion – wie auch bei Kepler – vielmehr als Motor zum Aufbruch und nicht als Zeichen der Beharrung auf traditionellen Positionen.

Selbst der Fall Galilei ist nicht so eindeutig, wie er nach außen erscheint. Galilei hatte als Professor in Padua und Mathematiker am großherzoglichen Hof der Medici in Florenz seine bahnbrechenden Fallgesetze aufgestellt und war aufgrund seiner teleskopischen Untersuchungen der Jupitermonde, die es laut des geozentrischen Weltbilds gar nicht geben durfte, ebenso Anhänger des Kopernikus. Wegen seiner Gegnerschaft zum Aristotelismus und zum ptolemäischen Weltbild kam es zum Konflikt mit kirchlichen Kreisen über das richtige Weltbild. Galilei wurde zunächst von einflussreichen katholischen Würdenträgern dazu aufgefordert, in dieser Angelegenheit zu schweigen oder seine Positionen nur als Hypothesen zu vertreten. Schließlich wurde er 1633 in einem Inquisitionsprozess nach Nichteinhalten des Schweigens zum Widerruf verdammt. Er hatte in dieser Zeit allerdings auch Gönner und Förderer in der katholischen Kirche. Dazu gehörte Kardinal Maffeo Barberini (1568–1644), der 1623 als Urban VIII. zum Papst gewählt worden war. Trotz des Drucks der Inquisition und traditioneller Theologen und Philosophen in Rom konnte Urban VIII. wohl wenigstens erwirken, dass Galilei 1633 nicht auf dem Scheiterhaufen endete, sondern bis zu seinem Tod im Hausarrest leben musste. Sieht man von der Frage des heliozentrischen Weltbilds ab, gab es gerade auch unter Jesuiten (z. B. der Erfinder des Megaphons Athanasius Kircher und Christoph Clavius, der ein Verzeichnis der Mondkrater anlegte; vgl. Quelle 5) einige der modernen Naturwissenschaft gegenüber aufgeschlossene Theologen, so dass man von einer Wissenschaftsfeindlichkeit der katholischen Kirche an sich nicht reden kann. Die Frage des heliozentrischen Weltbilds hatte allerdings eine öffentliche Dynamik entfaltet, die gerade die konservativen Kräfte innerhalb der katholischen Kräfte stärkte.

Wissenschaft wurde im 16. und vor allem im 17. Jahrhundert als ein internationales Gemeinschaftswerk in der ›Gelehrtenrepublik‹ betrieben. In diesem Netzwerk von Gelehrten tauschten konfessions- und standesübergreifend Gebildete interdisziplinär ihre Erkenntnisse aus. Die Veröffentlichung in Büchern sicherte das erforschte Wissen und verbreitete es europaweit. So bezog sich Kepler in seinen Schriften ganz selbstverständlich auf Galileis Veröffentlichungen und unterstützte ihn (vgl. Quelle 5). Hinzu kam ein reger Briefkontakt der Gelehrten untereinander. Kepler hatte z. B. mit Galilei Briefverkehr. Häufig führte der gelungene briefliche Kontakt zu Besuchsreisen und zu intensiven persönlichen Beziehungen der Gelehrten. Heute sprechen wir von einem Netzwerk, mit dem Gelehrte ihren Zugang zu neuem Wissen sicherten und auch die Möglichkeit zu finanzieller Förderung und Unterstützung vergrößerten. Der Erwerb und die Geltung von Wissen in der Frühen Neuzeit war prekär, d. h. unsicher und widerrufbar. Wissen musste im sozialen Netzwerk der ›Gelehrtenrepublik‹ akzeptiert (vgl. Quelle 5) und in Büchern veröffentlicht sein (d. h., es musste die Zensur überwunden haben und die wirtschaftliche Voraussetzung zum Druck mitbringen), um dauerhafte Geltung erlangen zu können. Wichtig bei dieser neuen Naturwissenschaft waren also nicht nur die neuen Erkenntnisse, sondern vor allem die sozialen Prozesse, durch die dieses Wissen zur Geltung kam. Auch heute spielen in den Diskussionen über die Arbeitsweise der Naturwissenschaften die sozialen Prozesse der Wissensbildung eine große Rolle. In England führte dies im sogenannten Hartlib-Kreis (zu dem auch Johann Amos Comenius gehörte, s. S. 89 ff.) in den 1640er Jahren zu einem Vorläufer einer berühmten Akademiegründung, der ›Royal Society‹ (gegründet 1660). Sie diente als Vorbild für weitere europäische Akademien, die es sich vornahmen, bis dahin gängige wissenschaftliche Autoritäten wie Aristoteles nicht einfach zu akzeptieren, sondern nur durch Experimente bewiesene Ergebnisse als wissenschaftlich fundiert anzusehen. Die Royal Society gründete eine der ersten wissenschaftlichen Fachzeitschriften (*Philosophical Transactions*, seit 1665). Damit war eine wichtige institutionelle Grundlage für die Wissenschaft der Aufklärung und damit für die moderne Wissenschaft gelegt worden.

1.7 Hexenverfolgungen

So reizvoll es scheint, die Grundlagen der Aufklärung schon in der Zeit zwischen 1550 und 1650 zu verorten, so befremdend ist es auch, sie als die Kernzeit der Verfolgung von Zauberern und vor allem von Hexen zu erkennen. Die Hexenverfolgungen begannen im 15. Jahrhundert in der Westschweiz und erlangten 1486 im Handbuch *Hexenhammer* des Dominikanermönchs Heinrich Kramer (Henricus Institoris, 1430–1505) eine legitimierende Grundlage mit genauen Hinweisen zur Bekämpfung der Zauberer und Hexen. Diese seien mit dem Teufel eine Verbindung eingegangen und würden nun zum Schaden der Menschen mit Krankheiten und Missernten wirken. In der zweiten Hälfte des 16. und in der ersten Hälfte des 17. Jahrhunderts erreichten die Hexenverfolgungen ihren Höhepunkt, nahmen ab 1690 vor allem in den protestantischen Gebieten rapide ab und endeten schließlich im 18. Jahrhundert (1775 in Kempten, 1782 im Kanton Glarus in der Schweiz). In Europa kam es insgesamt zu ca. 40 000 bis 50 000 Opfern, mehr als die Hälfte davon auf dem Gebiet des Heiligen Römischen Reiches Deutscher Nation. Über die Hexenverfolgungen gibt es eine Fülle von falschen Vorstellungen, die auch heute noch immer verbreitet werden. Eine gerade in radikalfeministischen Kreisen verbreitete Vorstellung geht davon aus, dass mehrere Millionen Opfer zu verzeichnen gewesen seien und es sich um einen ›Holocaust‹ an den Frauen gehandelt habe. Dieser Vergleich hinkt nicht nur, was die Anzahl betrifft, sondern auch die Verfolgungskriterien waren gänzlich andere. Es ist nicht so, dass Frauen als Frauen (wie Juden als Juden im Nationalsozialismus) systematisch verfolgt wurden, sondern die betroffenen Frauen (und zum Teil auch Männer) wurden regional völlig verschieden und aus unterschiedlichen Anlässen diskriminiert. Ein anderer noch gängiger Irrtum besagt, dass ›die Kirche‹ für die Verfolgungen hauptverantwortlich gewesen sei. Der Kreis der Verantwortlichen ist jedoch wesentlich größer. Dies soll an dem Beispiel der Katharina Kepler, der Mutter von Johannes Kepler, gezeigt werden:

Johannes Kepler verlor durch die Hexenverfolgungen seine Großtante und musste seine Mutter, Katharina Kepler, die der

Hexerei beschuldigt war, in einem aufwendigen juristischen Prozess 1620/21 vor dem Scheiterhaufen retten. Katharina Kepler starb 1622, ein Jahr nach ihrem Freispruch. 1590 verwitwet, hatte sie sich in Leonberg im Herzogtum Württemberg der Krankenpflege zugewandt und bereitete dafür Salben und Arzneien aus Kräutern zu. Als im Jahre 1615 eine ehemalige Freundin über Kopf- und Unterleibsschmerzen klagte und deren Bruder, der gleichzeitig als Barbier und Chirurg tätig war, sie erfolglos behandelt hatte und sogar ihre Schmerzen noch zunahmen, suchte der Bruder nach einem Schuldigen und bezichtigte Katharina Kepler, die zwei Jahre zuvor die Freundin behandelt hatte, der Hexerei. Eine solche persönliche Bezichtigung, die häufig in einem Klima der Hysterie erfolgte, diente bei Hexenverfolgungen häufig dazu, einen Grund für ein unerklärliches Geschehen in der Natur zu finden: Krankheiten oder Missernten wurden einem Schadenzauber zugeschrieben, weil man sich die Ursache anders nicht erklären konnte. Die Suche nach einem ›Schuldigen‹ wurde auf eine Person reduziert, und das Problem war rein äußerlich recht einfach und schnell gelöst. Vor allem kleinere Stadt- oder Gemeindeobrigkeiten suchten so den Frieden in einer Gemeinde wiederherzustellen. Dies erfolgte vor allem in solchen Zeiten vermehrt, in denen hoher sozialer Druck auf der Bevölkerung durch die Klimaveränderungen und die beständigen Seucheneinfälle lastete. Es bedurfte aber auch immer der Individuen, die bezichtigten, und derjenigen, die dieser Bezichtigung nachgingen. In Leonberg waren zwischen Dezember 1615 und Mai 1616 sechs Todesurteile wegen Hexerei in einem Klima der Hysterie erfolgt, die vorher auch den Nachbarort Weil der Stadt erfasst hatte. Verantwortlich für die rigorose Verfolgung war Lutherus Einhorn, der herzogliche Untervogt (Unterverwalter) des Amtes Leonberg. Er verfolgte den Fall Kepler mit klarer Voreingenommenheit. In einem langwierigen Prozess kam es schließlich 1621 zu einem Freispruch. Johannes Kepler und andere Familienangehörige setzten sich engagiert für Katharina ein. Auch der württembergische Herzog sprach sich aufgrund der Rechtslage 1617 gegen eine Festnahme aus. Einhorn ließ aufgrund gesammelter Vorwürfe Katharina Kepler 1620 dennoch festnehmen. Bemerkenswert an diesem Fall ist, dass im Rechtsverfahren die kaiserlichen Rechtsvorgaben zur Hexenverfolgung, die *Carolina* von 1532, sowie ein ordentliches Gerichtsverfahren eingehalten wurden, Katharina daher nur die Folter angedroht, sie aber nicht vollzogen wurde und sie schließlich auch viele, recht finanzkräftige und einflussreiche Fürsprecher mit einem rechtskundigen Anwalt hatte. Dies waren günstige Bedingungen für einen Freispruch. Bei Männern und Frauen ohne solche einflussreichen Beziehungsnetze, zudem in Gebieten, in denen Rechtsverfahren noch nicht so gut organisiert waren wie im vorbildlich bürokratisierten Württemberg, hatten die der Hexerei Bezichtigten weniger gute Chancen zu überleben. In Württemberg z. B. endeten zwischen 1497 und 1750 nur 116 Fälle, ca. ein Drittel der Untersuchungen und Gerichtsverfahren gegen Hexen, mit der Hinrichtung. Am Fall Keplers wird zudem deutlich, dass ›die Kirche‹ überhaupt keine Rolle in diesem Verfahren spielte. Das trifft in anderen Fällen natürlich nicht zu, wenn z. B. – wie häufig geschehen – ein geistlicher Fürst als Regionalherrscher Hexenverfolgungen durchführte. Heute pauschal der Kirche die Verantwortung für die Hexenverfolgungen zuzuweisen, greift viel zu kurz, weil die Hexenverfolgungen immer auf kommunaler Ebene in einem komplizierten Bedingungsgefüge stattfanden. Zudem ist auch darauf zu verweisen, dass, vom logischen Standpunkt aus gesehen, die Verfolgung der Hexerei nicht unbedingt sinnvoll im Interesse einer konfessionellen Christianisierung war. Indem ein Urteil gegen eine Hexe gefällt wurde, gab man zu erkennen, dass tatsächlich ›Hexerei‹

vorgelegen habe. Für den Hexenglauben gibt es jedoch in der Bibel kaum überzeugende Hinweise. Es verwundert daher nicht, dass es vor allem engagierte Theologen aus der protestantischen (Johann Matthäus Meyfahrt, 1590–1642) und der katholischen (Friedrich Spee, 1591–1635) Kirche waren, die sich vehement gegen die Hexenverfolgungen aussprachen und damit auch zunehmend auf offene Ohren bei den Territorialherren stießen. Diese Theologen mussten eine Alltagskultur, die nicht an der Wirksamkeit von Schadenzauber und Magie zweifelte, verändern und auch diejenigen gelehrten Eliten, die an den Schadenzauber als eine anerkannte Lehre glaubten (z. B. an den *Hexenhammer* und die kaiserlichen Rechtsvorschriften der *Carolina*), überzeugen. Dieser Vorgang dauerte über Jahrzehnte an. So verfassten z. B. Mitglieder der juristischen Fakultät der 1621 gegründeten lutherischen Universität Rinteln bis zum Jahr 1675 mehr als 350 Gutachten zu Hexenprozessen, die ausschließlich mit Todesurteilen endeten. Dies zeigt noch einmal die Vielschichtigkeit der Verantwortung für die Hexenverfolgungen und die Widersprüchlichkeit, mit der auch das gelehrte Universitätswesen seinen Weg in die Aufklärung erst sehr zögerlich fand. Der Prozess der Veränderungen von weitverbreiteten gesellschaftlichen Vorstellungen verlief langsam.

1.8 Nichtkonfessionell gebundene Frömmigkeitsformen: Astrologie, Wunderzeichen, Endzeitglaube und Frömmigkeit

Das Beispiel des Hexenglaubens weist auf die Bedeutung von naturmagischen und volksreligiösen Vorstellungen hin, die in allen Bevölkerungsschichten verbreitet waren. Teilweise koexistierten naturwissenschaftlich ›moderne‹ Welterklärungen mit volksreligiösen Vorstellungen in einer Person. In Erscheinungen der Natur glaubten viele Menschen Zeichen zu finden, die über das konkret Erfahrbare hinausgingen und die Welt und ihren Zustand erklärten. Die Erkenntnisse der Astrologie, die seit der Renaissance bis noch weit ins 17. Jahrhundert einen Aufschwung erlebte, galten bei Herrschern, den ihnen zuarbeitenden Wissenschaftlern und breiten Teilen der Bevölkerung als akzeptiertes Wissen (vgl. Quelle 6). Johannes Kepler lehnte nur einen Teil der Astrologie als unwissenschaftlich ab, wollte Positives an der Astrologie, das mit der Mathematik zu tun hatte, bewusst erhalten und reformiert wissen. Er nutzte seine mathematischen Kenntnisse, die er zum Erstellen aussagekräftiger astrologischer Horoskope benötigte, um sein Gehalt aufzubessern. Ihn störte dabei offensichtlich nicht, dass das neue astronomische heliozentrische Weltbild nicht mit der Geozentrik der Astrologie übereinstimmte. Er arbeitete mehrmals für den Kriegsunternehmer Albrecht Wallenstein, dem er für 1634, sein Todesjahr, eine kritische Stellung der Sterne beschied. Kepler hielt sich klugerweise mit eindeutigeren Aussagen dazu zurück. Die Himmelserscheinungen dienten auch im Jahr 1618, als der Dreißigjährige Krieg ausbrach, als Beobachtungsraum, der von den Menschen zur Ausdeutung ihrer krisenhaft wahrgenommenen Gegenwart ausgewertet wurde. Im Jahr 1618 erschienen drei Kometen, die in 120 Flugschriften u.a. als unheilbringende »Zornruten« gedeutet wurden. Die sittlich verdorbenen Menschen sollten – so die Interpretation – Buße tun, damit ein größeres Unheil vermieden werde (vgl. Quelle 6). »Wunderzeichen« und »Vorzeichen« wie Kometen, ungewöhnliche Wetterlagen, blutige Erscheinungen (Quelle 6) oder auch Missgeburten dienten als Vorboten des Unheils, selten kündigten sie etwas Positives an. Dieser Glaube an Wunderzeichen vermischte sich noch im Dreißigjährigen Krieg mit Vorstellungen, in der Endzeit, kurz vor der Wiederkehr Christi zu leben (siehe Kap. I,2,6). Sowohl bei Protestanten als auch bei Katholiken waren zu Beginn des 17. Jahrhunderts Schriften von Theologen sehr populär, die Trost und Rat spendeten. Menschen waren immer mehr um ihr Seelenheil besorgt und fragten nach Hilfe. Theologen wie der Lutheraner Johann Arndt oder auf katholischer Seite Franz von Sales boten mit ihren Erbauungsbüchern, die zu einer Verbindung von Glauben und Leben anregten, über die Konfessionsgrenzen hinweg Orientierung. Auch in Liedern wurde diese neue Frömmigkeit verbreitet und fand bei vielen Christen europaweit Anklang (vgl. Quelle 14). Dieser Drang, in einer als unruhig wahrgenommenen Zeit Ordnung und Trost zu erlangen, nahm während des Dreißigjährigen Krieges (1618–1648) sogar noch zu.

1.9 Außenseiter in der Frühen Neuzeit

Außerhalb der drei großen Konfessionen behaupteten sich seit dem Bauernkrieg, dem Reichsedikt von 1529 gegen die ›Wiedertäufer‹ und dem Untergang des Täuferreichs von Münster 1535 trotz ihrer z. T. rigiden Verfolgung die Erben der frühen Täuferbewegung. Die Hutterer und die Mennoniten, die nach ihren Gründern Jakob Hutter (um 1500–1536) und Menno Simons (1496–1561) benannt wurden, reagierten auf die Verfolgungen. In den verschiedenen Gebieten des Reiches gingen sie z. T. unerkannt und z. T. geduldet ihrem Glauben nach. Besonders im 16. Jahrhundert waren sie noch radikal und lebten ihre Glaubensprinzipien der Erwachsenentaufe, der Eidverweigerung und der Wehrlosigkeit. Einige Gruppen kontrollierten die Umsetzung dieser Prinzipien durch eine strenge Sozialkontrolle. Diese Prinzipien wurden wie bei den ›großen‹ Konfessionen in Bekenntnisschriften festgehalten. Dies führte teilweise dazu, dass sie in der Zeit der frühen Konfessionsbildung in einigen Gebieten verfolgt oder verdrängt wurden (z. B. in der Schweiz). Feste Stützpunkte boten sich z. B. für die Hutterer vor allem in Mähren und für die Mennoniten vor allem in den Niederlanden, in der Pfalz, in den westpreußischen Städten Danzig und Elbing, in einigen städtischen Gemeinden (z. B. Amsterdam, Krefeld, Emden, Leer und Altona) und in Gebieten, wo die Mennoniten gezielt für besondere Aufgaben angesiedelt wurden (z. B. für Bankgeschäfte, für den Handel oder den Walfang).

Der Wirtschaftserfolg erleichterte die Tolerierung dieser Glaubensgruppe durch die Mehrheitsgesellschaft, die Mennoniten wurden als die ›Stillen‹ im Lande aufgrund ihres Prinzips der Wehrlosigkeit geduldet, besonders auch weil sie viele politische Herrscher finanziell unterstützten. Nicht nur die Mennoniten mussten sich gegen die jeweils vorherrschenden Konfessionen behaupten, auch andere Gruppen wie Quäker und Amische fanden sich in einer ähnlichen Situation wieder. Im Prinzip waren auch Mitglieder der drei großen Konfessionen immer ›Außenseiter‹, wenn sie nicht offiziell geduldet in einem bestimmten Territorium leben durften.

Eine weitere ausgegrenzte religiöse Gruppe war seit dem frühen Mittelalter die der Juden. Der Kaiser erinnerte in der Reichspolizeiordnung 1548 daran, dass nur die Landesherren, denen vom Kaiser das ›Judenregal‹ zugewiesen war, dieses Hoheitsrecht auch nutzen durften. Demnach stand es den Landesherren frei, gegen die Bezahlung einer Gebühr Juden in ihrem Herrschaftsgebiet unter ihren Schutz zu stellen. Während die Kaiser im Mittelalter dieses königliche Hoheitsrecht zur Aufbesserung ihrer Kasse genutzt hatten, gingen größere Landesherrschaften im 16. Jahrhundert immer mehr dazu über, die Juden aus ihren Gebieten zu vertreiben. Viele Juden wichen in kleinere Landesherrschaften oder auf die Dörfer aus. In zahlreichen Gebieten führte das zu einem recht reibungslosen Zusammenleben zwischen Christen und Juden, nur gelegentlich, wie bei einem Frankfurter Pogrom 1614, entlud sich in einer innerstädtischen Krisensituation ein schwelender Antijudaismus. In Frankfurt griff der Kaiser als Schutzpatron für die Juden ein und ließ sie wieder in die Reichsstadt zurückführen. Ihre relativ geschützte Position verdankten die Juden in der Regel ihren ökonomischen Möglichkeiten (wenn nicht der Kaiser aus prinzipiellen Gründen, wie in Frankfurt, die Ordnung wiederherstellen wollte). Wenn diese fehlten, schlug die Mehrheitsgesellschaft z. T. erbarmungslos mit radikaler Ausgrenzung und Verfolgung gegen Minderheiten zu.

›Zigeuner‹ – so nannten die Menschen in der Frühen Neuzeit stark verallgemeinernd die aus Mittel- und Südosteuropa ins Reich strömenden nichtsesshaften Gruppen der Roma und Sinti – wurden auf dem Augsburger Reichstag von 1551 zum Verlassen des Reichsgebiets aufgefordert. Ferner verboten Polizeiordnungen ihnen den Aufenthalt. Häufig wurden sie aufgegriffen, gelyncht und getötet, da ihnen alle möglichen Vergehen nachgesagt wurden, darunter auch die Spionage für die Türken. Generell mussten sich nichtsesshafte Gaukler, Spieler, Bettler und Kleinkünstler den Vorwurf gefallen lassen, die vorherrschenden Regeln und Werte nicht zu teilen. Diese Beschuldigung allein reichte aus, um sie aus der Gesellschaft auszugrenzen und auszuschließen.

2 Der Dreißigjährige Krieg

2.1 *Die Rolle der Gewalt*

Schon bald nach 1648 bezeichneten die Menschen den zurückliegenden Krieg als den ›Dreißigjährigen Krieg‹, obwohl der Kriegsverlauf aus vielen einzelnen Phasen bestand und er auch nicht alle Regionen des ganzen Alten Reiches erfasst hatte. Nach einer relativ friedlichen – wenngleich auch krisenreichen – Zeit ab 1555 waren die massiven Gewalterfahrungen dieses Krieges für die Menschen etwas Neues. Sie sahen ihre bisherige ›Ordnung‹ aus dem Lot gebracht. Die Empfindung, es mit einem nie da gewesenen Krieg von extrem langer Dauer zu tun gehabt zu haben, entsprach dem Bewusstsein, den »Tiefpunkt menschlicher Barbarei und Gewaltexzesse« (Medick 2010, S. 172) erlebt zu haben. Folgende Fragen sollen bei der Darstellung dieses Krieges im Mittelpunkt stehen: Wie kam es zum Ausbruch des Krieges? Warum dauerte er so lange? Warum entwickelte gerade dieser Krieg eine so enorme Gewalttätigkeit? Was bedeutete der Krieg für die Menschen? Welche Folgen hatte der Krieg?

2.2 *Die Zuspitzung der Konflikte vor Ausbruch des Krieges*

Das Reich hatte nach 1555 mit vielen Krisen zu tun gehabt, kurz vor dem Kriegsausbruch 1618 verschärften sich die Konflikte auf europäischer und auf deutscher Ebene allerdings wesentlich.

In Europa war es insgesamt nach 1555 nicht so friedlich wie im Heiligen Römischen Reich Deutscher Nation zugegangen. In Frankreich hatten auszehrende Religionskriege in der zweiten Hälfte des 16. Jahrhunderts das Verhältnis zwischen Hugenotten und Katholiken verbittert. Erst als Heinrich von Navarra als Heinrich IV. und erster Bourbone 1589 den französischen Thron bestieg, schien eine Versöhnung möglich. Heinrich wechselte von seiner calvinistischen Konfession zum katholischen Glauben. Gleichzeitig sicherte er aber im Edikt von Nantes den Hugenotten weitgehende Freiheits- und Mitwirkungsrechte im Staat zu (1598). Frankreich schien durch die vermittelnden Handlungen Heinrichs konfessionell befriedet.

Frankreich stand in starker Konkurrenz zur europäischen Großmacht Spanien, die am Ende des 16. Jahrhunderts aber immer mehr zu einem wankenden Riesen geworden war. Das hatte mehrere Gründe. Nach dem gescheiterten Versuch Karls V., eine habsburgische Universalmonarchie aufzubauen, hatten die Habsburger eine spanische und eine österreichische Herrschaftslinie aufgebaut. Die spanische Linie litt unter dem eigenen Erfolg. Die globale Expansion, z. B. nach Amerika, wurde teilweise ineffektiv verwaltet. Falsche wirtschaftliche Entscheidungen bei der Ausbeutung der Überseegebiete und die unzureichenden Investitionen in einen spanischen Wirtschaftsbau wirkten sich verheerend auf die spanische Finanzlage aus. In der zweiten Hälfte des 16. Jahrhunderts war die spanische Krone mehrfach zahlungsunfähig. Besonders die Kriegführung war teuer. In den Spanischen Niederlanden hatte sich von den Provinzen Holland und Seeland ausgehend ein konfessioneller Konflikt mit den calvinistischen Niederländern zu einem Unabhängigkeitskrieg (1568–1648) entwickelt, der offiziell erst mit der Anerkennung der Republik Niederlande im Vertragswerk von Münster und Osnabrück beendet wurde. Ausgangspunkt war das Bemühen Spaniens, die ständischen Freiheiten in den Niederlanden einzuschränken. In diesen Konflikt griffen andere Staaten wie Frankreich ein, indem z. B. Heinrich von Navarra die calvinistischen Stände unterstützte. Demgegenüber hatten die Spanier selbst noch nach Regierungsantritt Heinrichs die katholische Seite in Frankreich unterstützt. Der Konflikt dieser beiden Mächte hätte fast schon im Jahr 1610 zu einem europaweiten Krieg geführt. Anlass dafür war die Sicherung der spanischen Nachschublinie in die südlichen Niederlande: Die Seehoheit war den Spaniern nach der Niederlage der Armada gegen die siegreichen Engländer 1588 und nach einem Angriff der Niederländer in der Bucht von Gibraltar 1607 verlorengegangen. Der Landweg führte von den norditalienischen Besitzungen Spaniens in unmittelbarer Nachbarschaft zu Frankreich in die Niederlande. Als 1609 der Herzog von Jülich-Kleve-Berg Johann Wilhelm ohne Nachfolger starb, entbrannte ein Erbfolgestreit. Heinrich IV. war fest entschlossen, eine Ausweitung des spanischen Einflusses zur Sicherung der Nachschublinie zu verhindern. Es kam nur deshalb nicht zu einem Krieg, weil Heinrich 1610 in Paris ermordet wurde. Die politische Konkurrenz zwischen Frankreich und Spanien bildete aber auch einen Hintergrund für den Dreißigjährigen Krieg, zumal Spanien die österreichische Linie der Habsburger schon zu Beginn des Krieges unterstützte.

Ein weiterer europäischer Konfliktraum befand sich in der Frühen Neuzeit im Norden und Nordosten Europas: Dänemark und Schweden konkurrierten hier um die Vorherrschaft im Ostseeraum. Dänemark hatte zusätzlich zur dänischen Krone auch noch die norwegische inne. In der zweiten Hälfte des 16. Jahrhunderts dominierte das schwedische Herrscherhaus der Wasa unter Sigismund III. Schweden-Finnland und den riesigen polnisch-litauischen Staat. Im Jahr 1600 setzten allerdings lutherische Adlige den katholischen Herrscher ab und erhoben den lutherischen Onkel Karl IX. (reg. 1600–1611) auf den Thron. Dessen Sohn Gustav II. Adolf (reg. 1611–1632) zentralisierte zusammen mit dem adligen Reichskanzler Axel Oxenstierna (im Amt 1612–1654) das schwedische Staatswesen und reformierte das schwedische Heer grundlegend. Schweden verblieb aber bis 1660 in einem zeitweise kriegerischen Konflikt mit dem nun polnischen Zweig der Wasa. Zusätzlich geriet Schweden im Kalmarkrieg in eine Auseinandersetzung mit Dänemark (1611–1613), die Dänemark für sich entscheiden konnte. Schweden erhielt zwar die von den Dänen besetzte und strategisch wichtige Festung Älvsborg zurück, musste aber einen hohen finanziellen Ausgleich an Dänemark leisten. Diese Niederlage beförderte den Reformeifer der Schweden zusätzlich und prägte das Verhalten der Schweden im Dreißigjährigen Krieg.

Die vielschichtige europäische Konfliktlage stellt den Hintergrund des Geschehens dar, das sich in den Jahren 1607 bis

1618 im Reich immer mehr in Richtung eines Krieges entwickelte. Dieser Prozess war allerdings nicht aufgrund des problematischen Charakters des Augsburger Religionsfriedens oder persönlicher Motivlagen (z. B. konfessionell zu unversöhnliche Haltungen Friedrichs V., Maximilians von Bayern oder des Kaisers Ferdinand II.) vorgezeichnet. Die Situation eskalierte vielmehr in einer Gemengelage von Handlungen, Motivationen und Entscheidungen. In vielen Momenten dieser Eskalation wären Schritte in Richtung einer Friedenswahrung möglich gewesen.

Ein erster Schritt der Konfliktverschärfung war eine im Grunde nur lokale und in vielen Gebieten des Reiches auch vorkommende ›Kleinigkeit‹ gewesen: In der schwäbischen Reichsstadt Donauwörth, die mehrheitlich und auch im Rat lutherisch eingestellt war, provozierten fünf Benediktinermönche und einige sie unterstützende Katholiken am Markustag 1606 mit einer Prozession die lutherischen Stadtbürger. Sie zogen mit Fahnen singend durch die Stadt zum Bittgang in ein benachbartes Dorf. Auf dem Rückweg verweigerte die Stadtführung den Prozessionsteilnehmern den Einlass in die Stadt. Daraufhin kam es zu einer Schlägerei. Dieser Vorfall wurde von einem Notar des Augsburger Bischofs festgehalten. Der Bischof klagte beim klar katholisch eingestellten kaiserlichen Reichshofrat gegen dieses Verhalten des Donauwörther Rats. Da die Prozession in der freien Reichsstadt nach dem Augsburger Religionsfrieden zulässig gewesen war, erhielt die katholische Seite Recht, und Donauwörth wurde für den Fall der Wiederholung mit der Reichsacht gedroht. Als 1607 der Donauwörther Rat erneut die Markusprozession untersagte, vollstreckte der Kaiser die Reichsacht über die Stadt und beauftragte damit nicht den zuständigen lutherischen württembergischen Herzog, der für den schwäbischen Reichskreis zuständig war, sondern den katholischen Herzog von Bayern Maximilian I.

Der städtische Rat war weiterhin nicht verhandlungsbereit, so dass Maximilian I. die Stadt besetzte, völlig überhöhte Geldforderungen für die Besetzung der Stadt verlangte, die zahlungsunfähige Stadt als Pfand nahm und dann die ehemals freie Reichsstadt zwangsweise katholisierte. Dieser Vorgang hatte auf die protestantischen Stände im Reich eine verheerende Signalwirkung. Zwar war der nicht verhandlungsbereite Donauwörther Rat für die Eskalation mitverantwortlich, allerdings schien die Aktion auch vom Augsburger Bischof bewusst geplant worden zu sein. Ferner war die Strafmaßnahme gegen Donauwörth völlig unverhältnismäßig sowie rechtswidrig. Als beim Reichstag im Jahr 1608 die Klagen der Protestanten in diesem Fall beiseitegewischt wurden und die erneute Bestätigung des Augsburger Religionsfriedens abgelehnt wurde, verweigerten die protestantischen Stände dem Kaiser die Bewilligung der ›Türkensteuer‹ und verließen den Reichstag. Hintergrund für das Scheitern dieses Reichstags waren wohl auch Missverständnisse auf beiden Seiten darüber, was die Protestanten mit der Forderung nach der erneuten Anerkennung des Augsburger Religionsfriedens und was die Katholiken mit der Ablehnung desselben bezwecken wollten. Eine im Prinzip arbeitsfähige Institution zur Regelung von Konflikten versagte hier wie später im Jahr 1613, als der letzte Reichstag, der sich wieder mit dem Verfahren der Beilegung der konfessionellen Streitigkeiten befasste, vor Ausbruch des Krieges stattfand. Bezeichnend für den Fall Donauwörth war, dass der konfessionell parteiische Reichshofrat und nicht das einen Ausgleich ermöglichende, mit Vertretern beider Konfessionen besetzte Reichskammergericht angerufen wurde. Die Folge war eine getrennte politische Organisation der konfessionellen Konfliktparteien, die eine friedliche Lösung von Streitigkeiten nicht beförderte. Viele protestantische Fürsten – mit Ausnahme der ober- und niedersächsischen – und einige protestantische Reichsstädte, die sich im Reichstag, im Reichshofrat und auch im Kurfürstenrat nicht gleichwertig vertreten sahen, reagierten empfindlich mit der Gründung der ›Union‹ (14. Mai 1608). Diese sollte den Landfrieden der Mitglieder sichern, d. h., im Angriffsfall sollten sie durch die Union, die eine Armee von 20 000 Mann bereitstellen sollte, geschützt werden. Den Vorsitz führte der calvinistische Kurfürst Friedrich IV. von der Pfalz. Maximilian I. von Bayern antwortete 1609 mit der Gründung der katholischen ›Liga‹, in der sich die Mehrheit der katholischen Reichsstände sammelte. Die Liga betonte, anders als die Union, die konfessionelle Stoßrichtung und wurde auch von Spanien und der päpstlichen Kurie finanziell unterstützt. Österreich und Salzburg hingegen traten nicht bei. Die beiden Parteien standen sich schon im jülich-klevischen Erbfolgestreit 1610 gegenüber, zum Krieg kam es aber nach der Ermordung Heinrichs IV. nicht. Der Kaiser hatte für die Übergangszeit die Nachfolge des katholischen Herzogs der vereinigten Herzogtümer Jülich-Berg-Ravensberg und Kleve-Mark angetreten und wollte die Übergabe an potenzielle Nachfolger verzögern. Die Union hatte den beiden protestantischen Anwärtern auf die Nachfolge des Herzogs Unterstützung versprochen. Der Pfalzgraf von Pfalz-Neuburg, Philipp Ludwig, und der Kurfürst von Brandenburg, Johann Sigismund, besetzten, anfänglich noch einvernehmlich, das niederrheinische Territorium und kündigten an, sich nicht dem Spruch des Reichshofrats fügen zu wollen, sondern nur dem Urteil der Reichsstände. Sie wurden neben der Union auch von Frankreich, den Niederlanden und England unterstützt, die eine Vorherrschaft des Kaisers und der mit der Liga in Verbindung stehenden Spanier in diesem Teil des Reiches befürchteten. Als sich die Franzosen nach dem Tod Heinrichs IV. aus diesem Konflikt zurückzogen und Liga und Union sich waffengleich gegenüberstanden, kam es 1614 zur politischen Lösung des Konflikts: Der zum katholischen Glauben übergetretene Sohn des Pfalzgrafen Philipp Ludwig, Wolfgang Wilhelm, erhielt Jülich und Berg, der zum Calvinismus konvertierte Kurfürst von Brandenburg Cleve und die Grafschaften Mark und Ravensberg sowie die Herrschaft Ravenstein. Der Krieg über diesen Streitfall war abgewendet, allerdings war mit dem Scheitern der Reichsinstitution ›Reichstag‹ und der Nichtakzeptanz des Reichshofrats durch die Protestanten auch deutlich geworden, dass mögliche Konfliktregelungsmechanismen im Reich nicht mehr funktionierten. Um diesen Konflikt zu entschärfen, hätte es eines besonnen agierenden Reichshofrats bedurft, auf den ein umsichtiger Kaiser einen Blick hätte werfen müssen. Dafür war der zunehmend inaktive Rudolf II. (1552–1612), der noch zu Lebzeiten von seinem Bruder Matthias entmachtet wurde, offensichtlich nicht in der Lage. Es hätte ihm als Kaiser offengestanden, die Reichstage in den wichtigen konfessionellen Fragen zu einem Konsens zu führen. Auch die Reichsstände hätten nicht zunehmend in konfessionelle Denkmuster verfallen dürfen, sondern überkonfessionell im Sinne des Augsburger Religionsfriedens nach Möglichkeiten des Zusammenlebens suchen müssen. Zwar fehlte es in dieser Zeit – wie schon zuvor – nicht an ausgleichenden Kräften und Aktionen. Sie setzten sich schließlich nur nicht durch.

Alternativen und andere Lösungsmöglichkeiten als der Krieg waren also denkbar und wurden auch gedacht. So schlug der lutherische württembergische Hof 1610 einen ›Kompositionstag‹ vor, eine Art ›runden Tisch‹, bei dem gleichberechtigt die konsensorientierten Kräfte zusammenkommen und ihren Streit beilegen sollten. An solch einem Organ war die katholische Seite zunächst nicht interessiert, weil sie ihre Machtposition im Reich dadurch unnötig beeinträchtigt sah. Als der konsensorientierte kaiserliche Ratgeber Melchior Khesl dies Jahre später aufgriff, war der rechte Moment zur Verwirklichung dieser Idee schon verstrichen. Auch unmittelbar vor dem Krieg gab es noch Situationen, in denen sich das Blatt hätte wenden können: 1618 trug der Pfalzgraf Friedrich V. seinem Vetter, dem bayerischen Herzog Maximilian I., die Kaiserwürde an. Das Bündnis dieser beiden Fürsten hätte die konfessionell aufgeladene Situation womöglich entschärft. Maximilian lehnte ab und bildete im Gefolge des nächsten Kaisers, des Habsburgers Ferdinand II. (1619–1637), ein starkes katholisches Gespann. Und hätten die Böhmen sich nicht für Kurfürst Friedrich V. als böhmischen König entschieden, der für die Habsburger völlig unannehmbar war, vielleicht wäre auch ein Krieg zu verhindern gewesen. Es kam anders, eine Spirale der Krisenverschärfung entwickelte sich von Böhmen aus, wie der folgende Abschnitt zeigen wird.

2.3 *Der böhmische Konflikt*

Dem Königreich Böhmen kam im Heiligen Römischen Reich Deutscher Nation eine Sonderrolle zu. Der König von Böhmen war einer der sieben Kurfürsten, die den Kaiser wählen durften. Neben den drei geistlichen Kurfürsten (den katholischen Erzbischöfen von Mainz, Köln und Trier) war die Stimme des Königs von Böhmen – aus dem Geschlecht der Habsburger kommend – im 16. und auch zu Beginn des 17. Jahrhunderts das Zünglein an der Waage. Die weiteren drei weltlichen Kurfürsten (Pfalz, Brandenburg und Sachsen) waren Protestanten, so dass die böhmische Stimme bei der Kurfürstenwahl verhinderte, dass ein Protestant die Kaiserkrone erlangen konnte. Gleichzeitig hatte der böhmische Adel im 16. und vor allem auch im 17. Jahrhundert eine hohe Selbständigkeit und ein großes Selbstbewusstsein erlangt. Der Unabhängigkeitskampf der Niederlande gegen die Habsburger aus dem 16. Jahrhundert ähnelt der böhmischen Unabhängigkeitsbewegung. Auch in

Böhmen war die Mehrzahl des Adels konfessionell anders orientiert als die katholischen Habsburger und wollte, dass ihre faktische Macht in eine staatliche Eigenständigkeit übergehen sollte. Tatsächlich verfügten die böhmischen Stände schon vor 1618 über eine Machtfülle, die sonst einem Herrscher zustand, der einen ganzen Staat zu lenken hatte. Die Stände waren es aufgrund der türkischen Bedrohung gewohnt, häufig und eigenständig ein Heer zu mobilisieren, um die Gefahr des Türkeneinfalls abzuwehren. Ferner hatten die Stände – wie in anderen Ländern auch – das Recht, dem Herrscher die Steuern zu bewilligen, doch sprachen die böhmischen Stände bei der Erhebung und Verwendung der Steuern ein viel gewichtigeres Wörtchen mit, als es in anderen Ländern üblich war. Zu dieser militärischen und finanziellen Eigenständigkeit trat die konfessionelle. Böhmen war schon im 15. Jahrhundert durch die Kriege nach der Hinrichtung des Reformators Jan Hus auf dem Konstanzer Konzil im Jahr 1415 konfessionell gespalten. Die in der Tradition von Hus stehenden Böhmischen Brüder konnten ihre konfessionelle Eigenständigkeit im 16. Jahrhundert behaupten. Mit einem eigenen und zugleich übergreifenden Glaubensbekenntnis gelang es 1575, mit den verschiedenen protestantischen Glaubensbekenntnissen, darunter auch mit den Lutheranern, zu einer Übereinkunft zu kommen. 1609 musste der politisch bedrängte und in Prag residierende katholische Kaiser Rudolf II. den vorwiegend protestantischen böhmischen Ständen dieses Glaubensbekenntnis als gültig bestätigen und den Ständevertretern eine eigene Kirchenverfassung, ein eigenes kirchliches Leitungsgremium und die Kontrolle über das Bildungswesen zugestehen. Die Stände verwalteten so in Böhmen das Schulwesen (und auch die Prager Universität), über die Grenzen hinaus verhandelten sie mit europäischen Mächten und schlossen Bündnisse. In der chaotischen Zeit der letzten Regierungsmonate von Rudolf II. gründeten sie übergangsweise sogar ein regierungsähnliches Direktorium. Die böhmischen Adligen und Städte waren also militärisch, finanziell, konfessionell und verwaltungstechnisch durchaus in der Lage, einen eigenen Staat zu führen, und wollten dies 1618 auch durchsetzen. Anlass dazu bot das Verhalten der habsburgischen Zentralmacht, die mittlerweile in Wien residierte. Der Nachfolger Rudolfs, sein Bruder Matthias I. (reg. 1612–1619), akzeptierte die Zugeständnisse seines Bruders auf Dauer nicht. Als Matthias 1618 eine lutherische Kirche in Braunau schließen ließ und daraufhin den protestierenden Landständen verbot zusammenzukommen, entschlossen sich diese zu handeln. Mitglieder des Landtags warfen am 23. Mai 1618 auf der Prager Burg zwei kaiserliche Statthalter und einen Sekretär aus dem Burgfenster (›Prager Fenstersturz‹). Dieses Ereignis gilt als Beginn des Dreißigjährigen Krieges, obgleich entscheidende kriegerische Handlungen erst später folgten. Der Landtag setzte eine Regierung von dreißig Direktoren ein, verweigerte nach dem Tod des Kaisers Matthias am 20. März 1619 seinem Nachfolger die Huldigung und verabschiedete am 31. Juli 1619 sogar eine eigene ständische Verfassung. Der böhmische König sollte demnach nicht durch Erbfolge, sondern durch eine Wahl der Ständevertreter bestimmt werden. Die königliche Gewalt wurde in vielen Belangen zugunsten der Landstände beschnitten. Die Stände hatten ein Widerstandsrecht, wenn der König gegen die Verfassung verstieß. Ferner wurde die Glaubensfreiheit in der Verfassung verankert. Die ober- und niederösterreichischen Stände schlossen sich dieser Verfassung an. Mit den Ständen von Mähren, Schlesien und den Lausitzen vereinbarten die böhmischen Stände Bündnisse. Für den neuen Habsburger Herrscher Ferdinand II. wurde die Lage sehr bedrohlich, als der Kurfürst Friedrich V. von der Pfalz im August zum böhmischen König gewählt wurde (vgl. Quelle 7). Dieser hätte nun ein doppeltes Stimmrecht bei der Kaiserkür besessen.

Freilich akzeptierte dies der Kurfürstenrat nicht und wählte Ferdinand II. am 28. August 1619 zum Kaiser. Die böhmischen Stände erhofften sich von der Wahl des Kurfürsten zum böhmischen König internationale Unterstützung, war doch Friedrich mit der Tochter des englischen Königs verheiratet. Die Hilfe blieb aus, auch Frankreich und der benachbarte sächsische Kurfürst erklärten sich in diesem Konflikt für neutral. Zudem lehnte die Union die Aufnahme der Böhmen in das protestantische Bündnis ab. Demgegenüber wurde Ferdinand eine breite Unterstützung durch die katholische Liga mit ihrem Anführer Maximilian I. von Bayern und durch Spanien zuteil. Dies führte am 8. November 1620 zu einer verheerenden Niederlage der böhmischen Stände in der Schlacht am Weißen Berg bei Prag. Das Rad der Geschichte wurde nun von Ferdinand II. zurückgedreht. Friedrich V., der nur einen Winter regiert hatte (daher »Winterkönig« genannt), wurde vertrieben und verlor sogar seine Kurwürde. Die Anführer der böhmischen Stände wurden 1621 hingerichtet, der Großteil der protestantischen böhmischen Adligen wurde enteignet, protestantische Pfarrer wurden des Landes verwiesen. Eine gewaltsame katholische Gegenreformation setzte ein, die den Protestantismus in Böhmen fast gänzlich ausradieren sollte. Ungefähr 150 000 Protestanten verließen das Land. Ferdinand II. hatte auf ganzer Ebene gesiegt. Damit war der Krieg noch längst nicht zu Ende, sondern hatte erst seinen Anfang genommen.

2.4 *Die Rolle der Medien beim Ausbruch und während des Krieges*

Schaut man auf den Ausbruch des Krieges, so spielten die geschilderten politischen Rahmenbedingungen in Europa, im Reich und in Böhmen eine wesentliche Rolle. Hinzu kam, dass die öffentliche Stimmung durch eine Vielzahl von Medien schon seit 1617 religiös stark aufgeladen war. Dies begünstigte den Kriegsausbruch.

Am Anfang des Prozesses der Beeinflussung der öffentlichen Stimmung spielte die lutherische Universität Wittenberg eine wesentliche Rolle. Am 27. März erging von dort ein Bittschreiben an den sächsischen Kurfürsten Johann Georg I., am 31. Oktober 1617 ein besonderes Reformationsgedenken in der Stadt halten zu dürfen, in der Luther hundert Jahre vorher der Überlieferung nach die 95 Thesen an die Wittenberger Schlosskirche geheftet haben sollte. Der Kurfürst griff den Vorschlag auf und ließ in seinem ganzen Herrschaftsbereich dieses Reformationsjubiläum begehen. Andere lutherische Landesherren und Städte zogen nach. Um den 31. Oktober wurde über mehrere Tage verteilt ein ganzer Strauß von Feierlichkeiten absolviert: Theaterstücke, Festprozessionen, Gedenkreden in Universitäten, sogar eine musikalische Gedenkkomposition (Michael Altenburg in Jena, 1584–1640), Gedenkmünzen, Dankgebete und Glockenläuten machten unüberhörbar, welche Bedeutung die Lutheraner der Tat Luthers beimaßen. Dies wurde in den Medien mit Büchern, aber vor allem auch durch Flugblätter begleitet. Die Katholiken fühlten sich von diesen Feiern provoziert, hatten sie bis zu diesem Zeitpunkt doch ein Sonderrecht im Feiern von Jubiläen inne, wenn der Papst z. B. alle 25 Jahre in den »Jubeljahren« die allgemeinen Ablassbestimmungen ausschrieb. Die Lutheraner agierten ihrer Wahrnehmung nach auf fremdem Terrain, daher polemisierten die Katholiken scharf gegen das »Pseudojubiläum«. Der Papst schrieb zeitgleich zum Reformationsjubiläum ein Jubiläum »zur Ausrottung der Ketzerei« aus. Katholiken und Lutheraner hatten also durch diese Festkultur die konfessionellen Positionen verhärtet. Teilweise wurden diese Festivitäten am gleichen oder in benachbarten Orten konkurrierend begangen.

Schon im Jahr vor Kriegsbeginn war die öffentliche Meinung also konfessionell aufgeheizt worden.

Im Krieg gewannen dann die immer populärer werdenden Zeitungen und die illustrierten Flugblätter eine große Bedeutung (vgl. Quellen 7, 9). Das lag zum einen daran, dass die Flugblätter durch ihre Illustrationen auch Leseunkundigen auffielen. Diese Flugblätter waren zudem recht günstig (2 bis 4 Kreuzer), wurden für ein unterschiedliches Publikum gestaltet (für Gelehrte z. B. auf Latein) und leisteten durch die Art ihrer verkürzten Darstellung schnelle Orientierung und Sinnstiftung. Die Nachrichten aus den Zeitungen konnten plakativ gedeutet werden und führten auch häufig zu moralischen Appellen. Botschaften wurden häufig personalisiert und damit inhaltlich vereinfacht dargestellt. Dabei fällt vor allem auf, dass Friedrich V. zunächst als protestantischer Held mit Verehrung (vgl. Quelle 7) und dann als »Winterkönig« mit dem Spott der illustrierten Flugblätter übergossen wurde. Später stellte der schwedische König Gustav II. Adolf eine herausragende Figur dar (vgl. Quelle 9). Andere Personen fallen demgegenüber deutlich ab, auch der Kaiser wurde nur spärlich mit direkter Kritik bedacht, vielmehr traf die protestantische Häme die Jesuiten, die Heerführer oder den Papst (vgl. Quellen 7, 9). Dabei arbeiteten die Flugblätter mit einer recht modernen Verfahrensweise: Sie verheimlichten den Autor, waren somit auch für die Zensur nicht greifbar und gaben auch die konfessionelle Position des Autors nicht direkt oder gar falsch preis. Sie boten damit ein ideales Mittel zur Mobilmachung einer Propaganda, die von allen Kriegsseiten genutzt wurde. Diese Vorgehensweise zementierte zunehmend feste Feindbilder. Daher muss den Flugblättern nicht nur im Vorfeld des Krieges, sondern auch im Verlauf eine bedeutende, den Krieg letztlich verlängernde Rolle beigemessen werden.

2.5 *Die Phasen des Krieges*

Warum endete der Krieg nicht schon 1620 nach der Schlacht am Weißen Berg, sondern dauerte noch weitere 28 Jahre an? Neben der strukturell die Kriegsverläufe begleitenden Kriegspropaganda ist hier der internationale Rahmen des Krieges zu nennen, der immer wieder kriegsverlängernd wirkte, aber auch die wirtschaftlichen Bedingungen, die Organisation des Krieges und die politischen Entscheidungen der Handlungsträger selbst.

Der Dreißigjährige Krieg wird gemeinhin in vier Phasen aufgeteilt, wobei die Bezeichnungen den jeweiligen Gegnern des Kaisers entlehnt werden.

1) 1618–1623: Böhmisch-pfälzischer Krieg
2) 1623–1630: Niedersächsisch-dänischer Krieg
3) 1630–1635: Schwedischer Krieg
4) 1635–1648: Schwedisch-französischer Krieg

Allein aus dieser Einteilung wird schon deutlich, dass spätestens nach dem böhmisch-pfälzischen Krieg, der aber auch schon von internationalen Geldgebern mitgesteuert wurde, der Krieg deutliche Merkmale einer europäischen Auseinandersetzung hatte.

1618–1623: Böhmisch-pfälzischer Krieg

Nach der Niederlage am Weißen Berg und der Flucht Friedrichs V. in die Niederlande gelang es nicht, den Konflikt vom Reichsterritorium fernzuhalten, wie es Vertreter der protestantischen Union, die noch im Juli 1620 einen Nichtangriffspakt mit der katholischen Liga geschlossen hatte, erhofft hatten. Selbst der lutherische sächsische Kurfürst hatte gegen die Böhmen Partei ergriffen und ließ sich bei der Aufteilung der

Beute mit dem Gewinn von Ober- und Niederlausitz entlohnen. Am meisten hatte aber der Wittelsbacher Maximilian I. von Bayern von den Kriegshandlungen profitiert, weil die Habsburger ohne ein Ständeheer nicht dazu in der Lage waren, einen Krieg gegen die Böhmen zu führen. Er wurde für seine Kriegsauslagen fürstlich entschädigt. Darüber hinaus hatte er sich in mündlichen Abmachungen mit Ferdinand II. die Kurwürde seines Vetters Friedrichs V. von der Pfalz als Bedingung für sein Engagement gesichert. Die pfälzische Linie der Wittelsbacher hatte im 14. Jahrhundert – nach der Lesart Maximilians I. zu Unrecht – die Kurwürde verliehen bekommen. Die bayerische Linie des Hauses sah nun die Möglichkeit gekommen, diesen Vorgang wieder rückgängig zu machen. Maximilian drang daher auf eine Ächtung des Pfalzgrafen und auf eine Besetzung der Pfalz. Spanien, das die den Spanischen Niederlanden benachbarte Unterpfalz aus militärischen Gründen besetzt hielt, setzte auch auf eine Ächtung, während der sächsische Kurfürst deutlich davor warnte. Der Kaiser entschied eine militärische Besetzung der Pfalz, auch weil die österreichischen Habsburger finanziell maßgeblich von den Spaniern und vor allem von Bayern abhängig waren. Die kaiserlich-ligistisch-spanischen Heere siegten bis 1623 gegen das Aufgebot des Pfalzgrafen, der drei Söldnerfeldherren aus den niederländischen Generalstaaten eingesetzt hatte. Die Union hatte sich im Angesicht der aussichtslosen Lage schon 1621 selbst aufgelöst. Als große Bürde erwies sich trotz hervorragender strategischer Möglichkeiten der Habsburger die Tatsache, dass die Pfälzer Kurwürde ein wesentlicher Zankapfel und ein neue Kriegshandlungen auslösendes Moment war. Der Kaiserhof hatte es versäumt, hier rechtzeitig kriegseinhegend tätig zu werden. Spanien lehnte die Übertragung der Kurwürde an Maximilian I. ab, weil es befürchtete, dass eine dadurch entstehende, viele europäische Mächte umfassende antihabsburgische Koalition seinen eigenen Interessen in den Spanischen Niederlanden schaden könnte. Spanien wollte vor allem einem Konflikt mit England aus dem Weg gehen. Die starke Position der österreichischen Habsburger, der Liga im Reich und der Spanier in der Unterpfalz musste nach Ansicht der Spanier auch noch das Misstrauen der Franzosen wecken. Ferner waren die protestantischen Stände aufgrund des rigorosen Vorgehens der siegreichen Habsburger und der Liga alarmiert und suchten nach europäischen Verbündeten, um ein weiteres Ausgreifen des Krieges auf ihre Territorien zu verhindern.

1623–1630: Niedersächsisch-dänischer Krieg

Angesichts der Vielfalt dieser unterschiedlichen Interessen ist es nicht verwunderlich, dass der Krieg immer weiter auf Europa ausgriff und sich immer weiter verlängerte. In den folgenden Jahren griffen Dänemark, Schweden und Frankreich aktiv in den Krieg ein, zudem wirkten die kriegerischen Tätigkeiten der europäischen Mächte außerhalb des Reichsterritoriums z. B. in den Niederlanden oder im norditalienischen Veltlin auf das Kriegsgeschehen ein.

Gespannt war 1623 die Situation im niedersächsischen Reichskreis, der vorwiegend protestantisch geprägt war. Zwei der drei Söldnerführer des »Winterkönigs« hatten sich in dieses Gebiet zurückgezogen und stellten ein großes Unsicherheitspotenzial dar. Zudem präsentierte sich der dänische König Christian IV., der seinen Einfluss im Norden des Reiches in dieser Zeit massiv erweiterte, als Schutzherr des Reichskreises. 1624 veränderte sich die machtpolitische Lage in Europa massiv: England rückte von seinem Ausgleichskurs mit Spanien ab. Spanien griff gleichzeitig in einen Konflikt im norditalienischen Veltlin, das auf seiner Nachschubstraße in die Niederlande eine große Rolle spielte, zum Missfallen Frankreichs ein. Eine starke antihabsburgische Allianz aus Frankreich, England und den niederländischen Generalstaaten sagte dem Dänenkönig nun ihre Unterstützung zu, die sie mit hohen Geldbeträgen und teilweise mit Entlastungsangriffen Wirklichkeit werden ließ. Allerdings gelang es nicht, die Schweden in dieses antihabsburgische Bündnis einzuschließen, weil die Spannungen zwischen den Konkurrenten im Ostseeraum Dänemark und Schweden zu groß waren. Der niedersächsische Reichskreis wählte nun – gegen den Widerstand einiger Stände, die den Kaiser Ferdinand II. nicht provozieren wollten – im März 1625 Christian IV. zum Kreisobersten und beschloss die Aufstellung einer Defensivarmee. Der Kaiser entschied sich, gegen dieses Verhalten vorzugehen, obwohl rein reichsrechtlich der Reichskreis durchaus zur Wahl des Dänenkönigs berechtigt war, weil er als Herzog von Holstein diesem angehörte. Die Vorstöße der Ligaarmee unter ihrem General Tilly waren zunächst nicht besonders erfolgreich, so dass der Kaiser das Angebot des böhmischen Kriegsunternehmers Albrecht von Wallenstein annahm. Dieser unterbreitete dem Kaiser den ungewöhnlichen Vorschlag, als Söldnerführer nicht nur ein ca. 3000 Mann starkes Regiment, sondern gleich die ganze kaiserliche Armee von ca. 40 000 Mann aufzustellen. Der Kaiser griff aus Mangel an Alternativen zu. Diese Entscheidung war folgenreich, nicht nur weil sie den vorübergehenden ungemeinen Erfolg der kaiserlich-ligistischen Truppen begründete, sondern auch weil die Kriegsorganisation insgesamt dadurch massiv geprägt wurde. Ferdinand hatte nämlich nicht die Mittel in der Hand, die gesamte riesige Armee dauerhaft zu unterhalten. Wallenstein, der auch seine gutbezahlten Offiziere zu entlohnen hatte, griff zu dem Mittel, Kriegssteuern (›Kontributionen‹) in den Gebieten zu erheben, in denen sich seine Armee gerade aufhielt. Dies geschah unabhängig davon, ob sich diese Armee in Freundes- oder in Feindesland befand: Jeder hatte zu zahlen. Vorher war es üblich gewesen, dass die Bevölkerung für die Soldaten im Wesentlichen nur Unterkunft und Brennmaterial stellen musste, Tilly hatte aber angefangen, auch Naturalien einzutreiben. Wallenstein ging nun mit der Erhebung der Steuern weit darüber hinaus und verschärfte damit die Lage für die Bevölkerung maßgeblich. Hinzu kam, dass mit dieser Art der Kriegsfinanzierung bei Finanzknappheit das militärische Einsatzgebiet erweitert werden musste, um die Truppen zu bezahlen. »Der Krieg ernährt den Krieg«, so lautete die Devise für diese Art der Kriegsorganisation. Alle am Krieg beteiligten Seiten ahmten Wallenstein nach. Das führte zu einer wesentlichen Verlängerung des Krieges und trug zur Schwächung und Zerstörung der wirtschaftlichen Existenzgrundlagen der Zivilbevölkerung bei.

Wallenstein und Tilly kam beim Sieg über Christian IV. auch zugute, dass die antihabsburgische Allianz schnell zusammenbrach. Frankreich, England und auch die niederländischen Generalstaaten gaben aus unterschiedlichen Gründen schon 1625 die Unterstützung des dänischen Königs auf. Folglich siegten die beiden Generäle Tilly und Wallenstein in den folgenden zwei Jahren auf ganzer Linie. Wallenstein nahm sogar das gesamte dänische Festland ein. Der Kaiser stand nun auf dem Höhepunkt seiner Macht und nutzte dies weidlich aus. 1629 erließ er das »Restitutionsedikt« (Quelle 8). Zum ersten Mal seit mehr als 100 Jahren erließ ein Kaiser ein Reichsgesetz, ohne dass er die Kurfürsten um Zustimmung gefragt hatte. Inhaltlich mochten die katholischen Kurfürsten zwar zustimmen, dennoch wehrten sie sich in der Folge erfolgreich gegen die neue Machtfülle des Kaisers. Das Restitutionsedikt interpretierte die bis dato strittigen Punkte des Augsburger Religionsfriedens ganz eindeutig im katholischen Sinne: Die Protestanten wurden zur Rückgabe aller seit dem Passauer Vertrag von 1552 eingezogenen geistlichen Güter aufgefordert, und die ›Declaratio Ferdinandea‹, die den evangelischen Rittern in geistlichen katholischen Territorien Bekenntnisfreiheit zusicherte, wurde für ungültig erklärt. Zu Recht sahen die Protestanten, und nun Calvinisten und Lutheraner zusammen, was der Kaiser vorhatte: Der Rekatholisierung des ganzen Reiches schien der Weg geebnet. Der Kaiser verspielte die Möglichkeit, mit allen Ständen zu einem Ausgleich zu kommen und einen Weg zum Frieden zu finden.

Er hatte auch die katholischen Kurfürsten skeptisch werden lassen. Sie strebten eine deutliche Eingrenzung seiner Macht an und verlangten von Ferdinand erfolgreich beim Kurfürstentag in Regensburg 1630 die Entmachtung Wallensteins, der ihre eigene Stellung zu bedrohen schien. Damit fehlte dem Kaiser sein entscheidender militärischer Arm. Gleichzeitig trieb Ferdinand die Protestanten in die Hände der sich neu anbietenden protestantischen Schutzmacht: der Schweden.

1630–1635: Schwedischer Krieg

Die Schweden sahen angesichts der militärischen Erfolge der kaiserlich-ligistischen Truppen ihre Herrschaftsansprüche auf den Ostseeraum bedroht. Ferdinand II. hatte 1628 Wallenstein als Herzog von Mecklenburg und zum General für die Ostsee eingesetzt. Die Schweden befürchteten nun eine dauerhafte habsburgische Präsenz an der Ostsee, die sogar zu einem kaiserlichen Flottenbau führen könnte. Das wollten die Schweden auf jeden Fall verhindern. Logistisch hatte die schwedische Armee nach der Niederlage gegen die Dänen in den Jahren 1611 bis 1613 die Militärorganisation modernisiert. Kriegserfahrene Adlige leiteten die Aushebung von wehrpflichtigen Soldaten in den einzelnen Regionen des schwedischen Königreiches. Dadurch war innerhalb kurzer Zeit die Bereitstellung von schlagkräftigen Truppenkontingenten gesichert. Finanziell kamen enorme Zolleinnahmen hinzu, die man den Dänen und Polen bzw. kurländischen Städten und Danzig abtrotzte. Im

Danziger Hafen wurde zum Beispiel ein Zoll von 5,5 Prozent erhoben, von dem Schweden 3,5 Prozent erhielt. Die Verhandlungen zur Beilegung eines Krieges mit Polen im Frieden von Altmark (1629), die zu den letztgenannten Zolleinnahmen führten, hatten die Franzosen in die Wege geleitet. Sie hatten ein großes Interesse daran, dass Schweden in diesen Krieg eintrat, weil sie eine habsburgische Universalmonarchie als Bedrohung ihrer eigenen Herrschaftsansprüche in Europa ansahen. Auch die Franzosen unter ihrem Ersten Minister Kardinal Richelieu unterstützten deshalb finanziell Schweden – allerdings erst verzögert seit dem Januar 1631. Als die Schweden 1630 nach Mecklenburg übersetzten, erhielt der Dreißigjährige Krieg noch stärker europäische Konturen. Der schwedische König konnte nicht wie noch Christian IV. darauf verweisen, für einen Reichskreis in diesen Krieg einzugreifen. Wenn es noch einen Zweifel gab, so zeigte dieser Schritt ganz deutlich, dass es sich nicht um einen internen Reichskrieg, sondern um einen internationalen Krieg handelte.

Gerade die bedrängten Protestanten im Reich verfolgten den Kriegseintritt Gustavs II. Adolf mit großen Hoffnungen für die eigene Konfession. Gustav II. Adolf nutzte propagandistisch geschickt das 100jährige Jubiläum des Augsburger Bekenntnisses für die Landung auf dem Reichsgebiet. Am 25. Juni 1530 hatten die lutherischen Reichsstände auf dem Reichstag zu Augsburg dem Kaiser Karl V. das evangelische Glaubensbekenntnis übergeben. Dieses war die Grundlage für die Anerkennung des Luthertums im Augsburger Religionsfrieden und war daher zugleich Rechtsdokument und starkes Symbol der eigenen religiösen Identität. Hundert Jahre später, am 26. Juni 1630, startete Gustav Adolf in Pommern auf der Insel Rügen seine erfolgreiche Landungsoperation auf dem Reichsgebiet. Er, der kurz vorher noch vor dem schwedischen Reichstag verkündet hatte, dass »unsere unterdrückten Religionsverwandten vom papistischen Joch befreit werden«, inszenierte sich als Verteidiger aller Evangelischen im Reich. Eine gewaltige mediale Inszenierung begleitete propagandistisch die weiteren Kriegshandlungen des schwedischen Königs (vgl. Quelle 9). Diese sollte auch dazu dienen, die noch zögernden protestantischen Fürsten wie die Kurfürsten von Sachsen und Brandenburg mit ins Boot zu holen. Das verdeutlicht ein in mehreren Sprachen von den Schweden publiziertes Kriegsmanifest, das im Juli 1630 im Reich verbreitet wurde. Hier versicherte Gustav Adolf den rein defensiven Charakter seiner Mission, attackierte nicht den Kaiser persönlich und spielte auf die religiöse Legitimation nur verhalten an. Letzteres änderte sich in der folgenden Kriegspropaganda, die von den Schweden und auch von verfolgten Protestanten, die ins Exil hatten gehen müssen, gesteuert wurde. Vor allem die Jesuiten als Träger einer katholischen Konfessionalisierung wurden scharf angegriffen. Das Werben Gustav Adolfs war zunächst nur bedingt erfolgreich. Im Februar 1631 kamen auf Einladung des sächsischen Kurfürsten fast alle bedeutenderen protestantischen Fürsten in Leipzig zum Leipziger Konvent ohne die Schweden zusammen. Nach zweimonatigen Verhandlungen wurden im ›Leipziger Bund‹ ein Verteidigungsbündnis und die Aufstellung von 40 000 Soldaten beschlossen. Parallel dazu tagten zur selben Zeit in enger Verbindung zu den politischen Beratungen auf Initiative der Reformierten sechs protestantische Theologen im Leipziger Colloquium: Jeweils drei profilierte lutherische und reformierte Theologen fanden in den meisten Artikeln der *Confessio Augustana* von 1530 Übereinstimmungen. In den bisher üblichen Streitfragen vertagte man sich auf Treffen, die später abgehalten werden sollten, dann allerdings nie stattfanden. Die in sich zerstrittenen Protestanten kamen auch in der bedrängten Lage des Krieges nur zögerlich und unter politischem Druck zusammen.

Gustav Adolf, der vom Leipziger Bund ausgenommen war, konnte aus diesem Grund und auch aufgrund der Tatsache, dass der Nachschubweg noch unsicher war und auch die finanzielle Unterstützung der Franzosen erst ab Januar 1631 einsetzte, die schlagkräftige schwedische Armee zunächst noch nicht entscheidend einsetzen. So nutzten die Feldherren Graf Gottfried Heinrich zu Pappenheim schon ab November 1630 und ab März 1631 auch Graf Tilly die Gelegenheit, um mit ihren kaiserlichen und Ligaheeren die Stadt Magdeburg anzugreifen. Magdeburg hatte sich als eine der wenigen Städte schon mit den Schweden verbündet. Tilly wollte mit einer Einnahme der Stadt den anderen Ständen im Reich ein abschreckendes Beispiel dafür liefern, was die Verbündeten der Schweden zu erwarten hätten. Magdeburg war dafür ein dankbares Symbol. 1550/51 hatte die lutherische Stadt recht erfolgreich einer Belagerung des mit dem Kaiser verbündeten Moritz von Sachsen getrotzt und in lutherischen Gebieten dafür hohe Anerkennung erhalten. Diese Erinnerung wurde geweckt, als 1629 Wallenstein die Stadt belagerte und die Stadt sich abermals ganz komfortabel aus der Affäre zog. Die meisten Entscheidungsträger der Stadt traten daher entschlossen in diese Auseinandersetzung mit Tilly ein, wohl wissend, dass der Schwedenkönig ihnen zur Seite stehen könne. Aber auch religiöse Hoffnungen, die eine nahende Endzeit voraussahen, befeuerten die Erwartungen: Wurde doch in vielen Veröffentlichungen der Schwedenkönig als der »Löwe von Mitternacht« gefeiert, der nach protestantischer Lesart der *Offenbarung des Johannes* das biblische Untier, mit dem die katholische Seite gleichgesetzt wurde, besiegen sollte (vgl. Quelle 9). In den protestantischen Gebieten des Reiches blickte man gespannt – auch aufgrund der immer dichter informierenden Zeitungsmedien – auf die Belagerung der Stadt. Der »Löwe von Mitternacht« konnte Magdeburg nicht zu Hilfe eilen, und so gelang Pappenheims und Tillys Truppen am 20. Mai 1631 die Einnahme der Stadt. Das Ergebnis war verheerend: Etwa 20 000 Menschen starben, als nach der Einnahme und Plünderung die Stadt auch noch in Flammen aufging. Tausende machten sich aus der niedergebrannten Stadt auf ins Exil. Die protestantische Publizistik nutzte die große Aufmerksamkeit, die diesem Ereignis zuteil geworden war, für ihre Zwecke. Den kaiserlichen Truppen wurden unglaubliche Grausamkeiten vorgeworfen (vgl. Quellen 9–11). Die Notwendigkeit, sich jetzt den Schweden anzuschließen, schien nun glaubwürdiger. Aber selbst in dieser Situation wartete der Kurfürst von Sachsen damit noch, bis im September 1631 die Ligatruppen in Sachsen selbst einfielen. In der Schlacht bei Breitenfeld in der Nähe von Leipzig schlugen Schweden und Sachsen gemeinsam das Ligaheer. Von nun an begann ein Siegeszug der Schweden. Während Kursachsen die Gebiete Schlesiens und Nordböhmens und schließlich auch Prag einnahm, wandten sich die schwedischen Truppen nach Westen. Im Oktober 1631 nahmen sie Erfurt und Würzburg ein, dann stand ihnen der Weg zum Oberrhein und zum Main offen. Nach Wallensteins Vorbild erhoben die Schweden hohe Kontributionen. Die Soldaten plünderten darüber hinaus die reichen Bistümer und Abteien. Kriegskommissare folgten den Soldaten und stellten Pläne auf, wie das Kirchenland in weltlichen Besitz überzugehen habe. Interessenten dafür, vor allem aus dem protestantischen Adel, hofierten nun den Schwedenkönig, um von dem zu verteilenden Kuchen möglichst große Stücke zu erhalten. Nicht anders hatten sich nach der Niederlage der böhmischen Stände katholische Adlige wie Wallenstein am Grundbesitz der enteigneten Protestanten bedient. Kriegsgewinnler generiert jede Zeit. Dieses Verhalten trug jedoch zur Verlängerung des Krieges bei. Die Schweden wandten sich im Frühjahr 1632 nach Bayern. In der Schlacht bei Raina am Lech am 15. April unterlag das Heer der Liga erneut, und Tilly fiel.

Kaiser Ferdinand II. berief in dieser Situation wieder Wallenstein zum Feldherrn. Dieser stellte rasch ein schlagkräftiges Heer gegen die Schweden auf. In der Schlacht bei Lützen in der Nähe von Leipzig fiel am 15. November 1632 Gustav Adolf im Kugelhagel. Die Schweden waren zwar nicht besiegt, mussten aber nun in den folgenden Jahren von ihrem Kanzler Axel Oxenstierna geführt werden. Oxenstierna versuchte 1633 die protestantischen Stände im ›Heilbronner Bund‹ zu vereinen, um somit die Loslösung von den Reichsstrukturen zu verfestigen. Die beiden Kurfürsten von Brandenburg und Sachsen schlossen sich aber nicht an, weil sie dadurch wohl zu Recht ihre eigene Machtfülle eingeschränkt sahen. Beteiligt waren daher lediglich die protestantischen Stände der fränkischen, schwäbischen, kurrheinischen und oberrheinischen Reichskreise.

Die großen Erfolge der Schweden von 1631 bis 1633 hatten deutlich gemacht, dass die kaiserliche Herrschaftsgrundlage sehr brüchig war. Zudem zeichnete sich auch eine Lagerbildung auf der kaiserlichen Seite ab. Dem ungemein erfolgreichen Wallenstein, der mit seinem Heer über eine schier unangreifbare Machtbasis verfügte, schlug erneut, wie schon vor 1630, großes Misstrauen entgegen. Seine Gegner im kaiserlichen Lager warfen ihm eigene Ziele und gar Verrat vor. Wallenstein merkte, dass der Kaiser ihm nicht mehr bedingungslos vertraute. 1634 wurde der zunehmend unzufriedene Wallenstein von kaiserlichen Häschern ermordet. Damit stand der bis dahin so ungemein erfolgreiche Kriegsunternehmer nicht mehr als Stratege zur Verfügung. Dennoch konnte die kaiserliche Armee zusammen mit spanischen Truppen, die in Süddeutschland zur Sicherung ihrer Nachschublinie in den Niederlanden erschienen, in der Schlacht bei Nördlingen in Schwaben am 5./6. September 1634 die Schweden besiegen. Deren Vorherrschaft in Süddeutschland war damit beendet. Die Ausweitung des Krieges auf andere Mächte nahm aber in den nächsten Jahren sogar noch zu, weil Frankreich nun offen in den Krieg eintrat.

1635–1648: Schwedisch-französischer Krieg
Diese letzte Phase des Krieges ist gekennzeichnet durch das Bemühen des Kaisers, die Reichsstände wieder zu einen. Zu offensichtlich wurde, dass die auswärtigen Einmischungen in den Krieg dem formalen Reichsoberhaupt die Steuerungsmöglichkeiten raubten. Sein erster Ansprechpartner war der lutherische Kurfürst von Sachsen. Dieser hatte sich immer aufgeschlossen gegenüber einer Einigung mit dem Kaiser gezeigt. Zu Beginn des Krieges hatte er bei der Aufteilung Böhmens von dem Bündnis mit dem Kaiser profitiert. Der Allianz mit dem schwedischen ›Glaubensbruder‹ Gustav Adolf hatte er sich möglichst lange bis zum September 1631 widersetzt. Schon im Herbst 1634 einigten sich Kurfürst und Kaiser auf die ›Pirnaer Noteln‹, die 1635 die Grundlage für den ›Prager Frieden‹ boten. Das Restitutionsedikt von 1629 wurde darin zunächst für 40 Jahre ausgesetzt. Die konfessionellen Verhältnisse, wie sie bis zum 12. November 1627 galten, wurden festgeschrieben. Dieses Datum wurde bewusst vor den Erlass des Restitutionsedikts und vor die Neuordnungen, die die Schweden in die Wege geleitet hatten, gesetzt, um die Verhältnisse von 1627 wiederherzustellen. Güter, die nach diesem Zeitpunkt ihren Besitzer gewechselt hatten, sollten wieder an ihren ursprünglichen Besitzer zurückgehen. Diese Regelung galt nicht für die habsburgischen Länder, wo die Rekatholisierung nicht zurückgenommen werden musste. Kursachsen erhielt die Markgrafentümer Ober- und Niederlausitz als Entschädigung für die hohen Kriegskosten. Allen Ständen, die sich diesem Frieden anschlössen, wurde Straffreiheit garantiert. Ausgenommen davon waren nur Gebiete des Reiches, die sich entschieden gegen

den Kaiser gestellt hatten (z. B. Hessen-Kassel oder Württemberg). Der Prager Frieden war bewusst offengehalten, und tatsächlich schloss sich die Mehrheit der deutschen Reichsstände diesem an. Ihnen war es untersagt, Bündnisse mit fremden Mächten einzugehen. Damit war die grundsätzliche Möglichkeit zur Beendigung des Krieges gegeben. Der Kaiser wollte die reichsfremden Truppen aus dem Reich vertreiben. Der Nachfolger Ferdinands II., Ferdinand III. (reg. 1637–1657), verfolgte diese Politik der Einung mit den Reichsständen weiter. Er erreichte es allerdings nicht, dass die auswärtigen Mächte das Reich so ohne weiteres verließen. Vielmehr trat neben Spanien und Schweden nun auch Frankreich mit in den Krieg ein. Das lag daran, dass der Erste Minister Frankreichs, Kardinal Richelieu, 1635 die Zeit für einen Krieg gegen die Konkurrenzmacht Spanien für angebracht hielt. Er stellte die konfessionellen Interessen zurück und rückte die Interessen Frankreichs im europäischen Mächtekonzert in den Vordergrund. Frankreich wollte darin eine Führungsposition einnehmen. Es unterstützte daher weiterhin Schweden finanziell massiv, da der aufwendige europäische Krieg die Schweden an ihre materiellen Grenzen brachte. Mit den niederländischen Generalstaaten schloss Frankreich ein Abkommen, das beide Seiten dazu verpflichtete, keinen gesonderten Frieden mit den Spaniern zu schließen. Im Reich griff Frankreich dahingehend in den Krieg ein, die spanische Nachschublinie von Italien in die Spanischen Niederlande abzusperren. Das Herzogtum Württemberg wurde daher in den nächsten Jahren zu einem Hauptschauplatz des Krieges.

Die Entwicklungen des Jahres 1635 machten deutlich, dass der Dreißigjährige Krieg kein Konfessionskrieg, sondern von anderen Interessen bestimmt war. Die katholische Führungsmacht Frankreich war mit dem lutherischen Schweden und den reformierten niederländischen Generalstaaten gegen die katholischen Habsburgermächte verbündet. Im Reich standen demgegenüber die katholischen Stände wieder Hand in Hand mit vielen lutherischen Ständen, mit Kursachsen an der Spitze. Dies blieb auch in den folgenden Jahren so. 1640/41 kam es nach 27 Jahren Pause sogar wieder zu einem erfolgreichen Reichstag, der dem Kaiser wieder Steuereinnahmen für die Kriegsfinanzierung genehmigte. Währenddessen schwelte im Reich der Krieg mit wechselndem Kriegsglück weiter, ohne dass kriegsentscheidende Schlachten gefochten wurden. Allerdings befanden sich die Habsburger mit ihren Interessen grundsätzlich in der Defensive. Das lag an den großen finanziellen Schwierigkeiten der Spanier, die erneut dem Staatsbankrott entgegensahen und daher auch viele territoriale Rückschläge in Kauf nehmen mussten (z. B. Verlust von Katalonien und Portugal). Im Reich konnten die Feldherren der Liga den erfolgreichen Feldherren der Schweden nur wenig Paroli bieten. Allerdings waren auch die Schweden zwischenzeitlich aufgrund ihrer finanziellen Erschöpfung bereit, in Friedensverhandlungen mit dem Kaiser zu treten. Dies führte zu keinem Erfolg, weil Meutereien der Armee 1635 und 1641 verhinderten, dass die Schweden sich von den Franzosen lossagten und den Krieg beendeten. Die Soldaten wollten verhindern, dass ohne Abfindungsgelder ein Friedensschluss erfolgte, weil damit ihre materielle Lebensgrundlage vernichtet worden wäre. Gerade in den letzten Jahren des Krieges, als schon in Münster und Osnabrück die Friedensverhandlungen geführt wurden, hatten die kriegerischen Auseinandersetzungen höchstens noch den Zweck, die diplomatische Ausgangslage zu verbessern.

Die letzten Kriegsjahre führen Charakteristisches über diesen Krieg vor Augen: Je mehr ausländische Kräfte in den Krieg eingebunden waren, umso weniger war an dessen Ende zu denken. Das Fortführen des Krieges war nur durch dauernde Finanzspritzen von außen möglich. Allein mit den materiellen

Mitteln innerhalb des Reiches diesen Krieg zu führen, hätte schon viel früher zu dessen Ende aus Erschöpfung geführt. Der Prager Friede von 1635 verdeutlicht eindrucksvoll, dass ein Friede allein zwischen den Reichsständen wohl schon vor 1648 hätte möglich sein können. Der Krieg nahm dennoch verheerende Ausmaße an, da das Prinzip der Kriegsorganisation, dass der Krieg den Krieg ernährt, dazu führte, dass die Söldnerführer ihre Truppen immer in Bewegung halten mussten, um sie zu versorgen. Es war ferner sehr schwer, diesen Krieg wieder zu beenden, da die Rückführung der vielen Zehntausenden von Soldaten ins zivile Leben auch finanziert werden musste. Diesen Preis wollte keine der Kriegsparteien zahlen. Leidtragend war die Zivilbevölkerung. Gerade die letzte Phase zeigt die Parallelität des Dreißigjährigen Krieges mit heutigen »neuen Kriegen« (Münkler 2002). Diese Kriege in zerfallenden Staaten wie z. B. in Afghanistan und Somalia zeigen ähnliche Grundstrukturen. Die ursprünglichen Zielsetzungen und ideologischen Begründungen des Krieges treten immer weiter in den Hintergrund. Einzelne Feldherren bereichern sich schonungslos an den Ressourcen zum Leidwesen einer Bevölkerung, die den Krieg zu ertragen hat. Diese »neuen Kriege« finden auch heute schwer ein Ende, weil sie von außen immer noch mit Mitteln befeuert werden und die materiellen Möglichkeiten zum Übergang in einen friedlichen Staat nicht gegeben sind. Die Grundproblematik dieses langandauernden Dreißigjährigen Krieges ist also auch heute noch sehr aktuell.

Die Frage, warum der Dreißigjährige Krieg so lang andauerte, kann vielschichtig erklärt werden:

1) Die führenden Akteure des Krieges hatten sehr vielfältige Eigen- oder Machtinteressen, die die jeweiligen Kriegsverläufe immer wieder verlängerten (z. B. Friedrich V. an der Königskrone von Böhmen; der Kaiser an der Hegemonial-

macht im Reich; Maximilian I. von Bayern an der Kurwürde; Gustav II. Adolf an der Herrschaft im Ostseeraum; Kardinal Richelieu an der Machtposition Frankreichs in Europa).

2) Die religiöse Begründung des Krieges wirkte zeitweise kriegsverlängernd, entschied aber am Ende nicht über die tatsächliche Dauer.
3) Die besondere Art der Kriegsorganisation, dass der Krieg den Krieg ernährt, machte eine Beendigung des Krieges z. T. unmöglich, weil die Truppenverbände versorgt werden mussten und nicht einfach wieder aufgelöst werden konnten.
4) Die dauernde Finanzierung des Krieges von außen verhinderte ein früheres schrittweises Beenden der Kriegshandlungen.

In der komplexen inneren und äußeren Gemengelage, in der sich das Reich 1618 befand, war es sehr kurzsichtig, diesen Krieg überhaupt zu beginnen. An wichtigen Schnittstellen des Krieges verpassten es die Akteure, den Krieg wieder rechtzeitig einzudämmen und so den Frieden wiederherzustellen.

2.6 Alltag im Dreißigjährigen Krieg

An drei Beispielen sollen Wahrnehmungen des ›Alltags‹ im Dreißigjährigen Krieg dargestellt werden. Dabei wird sowohl die Täter- als auch die Opferperspektive gewählt, indem ein Söldner in dem Bedingungsgefüge des Krieges, ein Abt eines Benediktinerklosters und ein aus Mähren (heute in Tschechien) vertriebener Protestant genauer vorgestellt werden. Die Beispiele werden zeigen, dass die Bezeichnung von ›Täter‹ und ›Opfer‹ bei genauerer Betrachtung nicht mehr so eindeutig erscheint. Im Rahmen dieser Darstellungen sollen zwei Fragen beantwortet werden: Warum entwickelte gerade dieser Krieg eine so große Gewalttätigkeit? Was bedeutete der Krieg für die Menschen im Alltag? Gerade im Hinblick auf die letzte Frage ist bei der Betrachtung von nur drei Beispielen allerdings Zurückhaltung geboten. Generell ist es schwierig, bei der Vielzahl von Wahrnehmungen und Sinngebungen ›Bedeutungen‹ zuzuschreiben. Die Analyse der Verarbeitung des Krieges ist zudem eine nachträgliche Konstruktion, die ggf. auch anders gedeutet werden kann. Daher erheben die Aussagen nicht den Anspruch darauf, repräsentativ zu sein, dennoch sollen diese ›Sonden‹ anregen, bei den Quellen nach eigenen Erklärungen für Bedeutungen zu suchen (vgl. Quellen 6–14).

Das Leben eines Söldners

Durch glückliche Umstände ist das recht einmalige Selbstzeugnis eines Söldners im Dreißigjährigen Krieg überliefert, der darin seine Erlebnisse, Beobachtungen und Gedanken zwischen 1625 und 1649 wiedergibt (Quelle 11). 1648 begann der wahrscheinlich aus der Region Magdeburg oder dem Rheinland stammende Peter Hagendorf auf der Basis seiner Aufzeichnungen eine Autobiographie, wahrscheinlich um seine Erlebnisse den Nachkommen zu vermitteln.

Im Jahr 1627 ließ sich Peter Hagendorf in die ligistische Armee Gottfried Heinrich zu Pappenheims anwerben, weil er völlig »abgerissen« gewesen sei. Hagendorf war damit einer von Hunderttausenden Söldnern aus ganz Europa, die in diesem Krieg kämpften. Bis zu 20 Prozent stammten aus dem nichtdeutschen Sprachraum. Am Ende des Krieges standen ca. 70 000 Soldaten in kaiserlichen Diensten, 140 000 Soldaten stellten Schweden, Franzosen und Hessen-Kassel, und die meisten davon waren Söldner. Lokal schlecht ausgebildete Milizen (Bürgersoldaten) auszuheben hatte sich im Krieg nicht bewährt. Der Auftrag zur Anwerbung eines Regiments oder gar einer Armee wurde vom Landesherrn an finanzkräftige oder kreditwürdige Kriegsunternehmer vergeben, die von dem Auftrag in der Regel stark profitierten. Hagendorf war zwar katholisch, doch seine Konfession spielt in seinem Selbstzeugnis insgesamt und auch bei der Anwerbung keine große Rolle. So war es für ihn auch kein konfessionelles Problem, als er 1633 zwischenzeitlich zur schwedischen Armee wechseln musste und 1634 nach der Schlacht von Nördlingen wieder zur ligistischen Armee zurückkehrte. Spekulationen über die Motivation der Söldner nennen häufig deren Abenteuerlust, bei Hagendorf wird aber der materielle Aspekt deutlich. Der Kriegsdienst war für viele Menschen ein gängiges ›Handwerk‹, um den Lebensunterhalt sicherzustellen. Dies wird in dem Selbstzeugnis an all den vielen Stellen deutlich, in denen es immer wieder um die Sicherung der elementaren Grundbedürfnisse (Essen, Unterkunft) geht. Hagendorf war sehr aufgeschlossen gegenüber Land und Leuten, was seine Beschreibungen von Städten und Landschaften verdeutlichen. Er musste sehr mobil sein, da er in den beschriebenen 24 Jahren ca. 22 000 Kilometer zurücklegte. Aus allen seinen Beschreibungen wird das Prinzip, dass der Krieg den Krieg ernährt, deutlich. Er belagerte, erstürmte und beraubte Schlösser, Dörfer und Städte im ganzen Reichsgebiet, in den Spanischen Niederlanden und in Frankreich. Damit war er aktiv an der materiellen Vernichtung durch den Krieg beteiligt. Ungefähr 2000 Schlösser, 18 000 Dörfer und 1300 Städte wurden im Krieg beschädigt oder zerstört. Darin sah Hagendorf nichts Anrüchiges, vielmehr war es für ihn normal, eine Stadt oder ein Dorf einzunehmen, um die eigene Versorgung zu sichern. Das Selbstzeugnis belegt, warum der Krieg eine so große Gewalttätigkeit entwickelte. Das Handwerk des Krieges übte Hagendorf mit Professionalität aus und sah auch in Gewalt und Beutemachen kein ethisches Problem, da sie zu seinem ›Handwerk‹ und zum eigenen Überleben dazugehörten. Nur selten sah er sich zu der Andeutung eines Nachdenkens über die Legitimation von Gewalt veranlasst. So schreibt er über einen Feldzug nach Frankreich im Jahr 1636:

> »Den 4. Juli sind wir an die französische Grenze gekommen und an einem Schloss vorüber gezogen. Darin sind 7 Bauern gewesen, die haben sich gegen die ganze Armee gewehrt. Also haben wir das Schloss angezündet und samt den Bauern verbrannt.« (Peters 2012, S. 114)

Weil die Bauern sich gewehrt hatten, sei es nach Aussage Hagendorfs zur Tötung der Bauern gekommen. Wenn sich die potenziellen Opfer gefügig verhalten hätten und den finanziellen oder materiellen Forderungen des Söldners nachgekommen wären – so der Umkehrschluss –, wäre Schonung möglich gewesen. Seine Beschreibungen der Gewalt zeigen nicht die Intensität und ungeheure Grausamkeit, die schon aus der Publizistik der Zeit z. B. bei der Eroberung Magdeburgs zutage trat (vgl. Quelle 10) und die Wahrnehmung und Darstellung des Krieges prägen sollte. Vielmehr wird die Gewalt, auch die erlittene, recht nüchtern kommentiert. Über die Einnahme Magdeburgs 1631 schreibt er:

> »Den 20. Mai haben wir mit Ernst angesetzt und gestürmt und auch erobert. Da bin ich mit stürmender Hand ohne allen Schaden in die Stadt gekommen. Aber in der Stadt, am Neustädter Tor, bin ich 2 mal durch den Leib geschossen worden, das ist meine Beute gewesen.« (Peters 2012, S. 104)

Sehr ironisch (»das ist meine Beute gewesen«) geht Hagendorf hier mit einer existenziellen Bedrohung seines Lebens um, verdeutlicht aber gleichermaßen, wie wichtig die »Beute« an sich für den Söldner war. Häufig beschreibt er sorgfältig seine

Gewinne und auch Verluste. Bei der Haushaltung kam er ohne Hilfe nicht aus. Zweimal war er verheiratet, von 1627 bis 1633 und von 1635 bis 1649. Von seinen insgesamt neun Kindern überlebten nur zwei. Die Frauen lebten – soweit es möglich war – ganz eng bei dem Söldner und sorgten für eine familiäre ›Ordnung‹. Diese war dem Söldner sehr wichtig, und recht liebevoll beschreibt er seine Ehefrauen, die in der Überlebensgemeinschaft im Krieg ihren Beitrag leisten mussten. Frauen – wie auch Kinder – übernahmen im Tross wichtige Versorgungs- und Verpflegungsaufgaben. Frauen stellten hier das schwächste Glied dar, waren sie doch in der Ehegemeinschaft materiell abhängig von dem Überleben des Ernährers. Starb er, rutschten sie häufig auch in der Hierarchie des Trosses auf die unterste Stufe und mussten sich ggf. prostituieren. Die hohe Sterblichkeit durch Krankheiten im Krieg traf häufig, wie auch bei Hagendorf, die Frauen und Kinder. Lange begleitete Hagendorf noch zusätzlich ein Junge, der ihm bei vielen Tätigkeiten ein Begleiter und Helfer war. Das Leben mit dem Krieg bedeutete für eine große Anzahl von Menschen, die häufig auch durch den Krieg entwurzelt waren, das pure Überleben zu sichern. Ein Regiment von ca. 3000 Menschen begleitete ein ungefähr ebenso großer Tross von Familienangehörigen, Dienern, Händlern, Handwerkern, Spielleuten und Prostituierten. Die Größe der Heere nahm im Verlauf des Krieges noch gewaltig zu. Das Heer Wallensteins umfasste 1633 ca. 120 000 Menschen, so dass ein Tross von 100 000 Menschen als nicht zu klein geschätzt angenommen werden kann. Die Organisation der gewaltigen Mengen an Nahrungsmitteln für die Söldner oblag den Kriegsunternehmern, die zunächst durch Soldzahlungen die Lebensmittelversorgung zu sichern suchten. Die Söldner sollten sich dann aus dem Tross heraus versorgen. Als die Marktpreise für Getreide zu hoch wurden, kam es zu wilden Plünderungen. Dies zeigt sich auch im Selbstzeugnis des

Söldners, der sich z. B. 1628 gegen eine Geldzahlung von einem Wirt davon abhalten ließ, dessen Vieh zu rauben. Um die Konflikte bei dem wilden Raub von Lebensmitteln einzugrenzen, versuchten die Kriegsunternehmer, mit Großhändlern Lieferverträge abzuschließen. Vieles organisierten die Söldner – vor allem diejenigen in den schwer zu kontrollierenden mobilen Verbänden – sich aber auch weiterhin durch unkontrollierten Raub oder durch Kauf im Tross, wo alles Notwendige, aber auch Luxusgegenstände wie edle Kleidung erworben werden konnte. Der Krieg war auch ein Wirtschaftsfaktor, von dem nicht nur die Kriegsunternehmer wie Wallenstein, Bankiers oder Waffen- und Lebensmittelhändler (vor allem im holländischen, aber auch norddeutschen Handel) profitierten, sondern auch im direkten Umfeld des Krieges wurde die große Nachfrage durch eine recht breite Angebotspalette befriedigt.

Der Krieg bedeutete für den Söldner als ›Täter‹ vornehmlich den Aufenthalt in einem Überlebensraum, in dem er aufgrund seiner wachsenden Erfahrung recht sicher agieren konnte. Demgemäß fiel es ihm nach Kriegsende offensichtlich schwer, wieder in das zivile Leben zurückzukehren. Das Selbstzeugnis endet recht unvermittelt mit der Auflösung seines Regiments. Der Söldner schien mit dem ungewohnten Frieden seine Probleme gehabt zu haben, eventuell hat er auch dem Alkohol vermehrt zugesprochen, berichtet er doch nach dem Friedensschluss von häufigen Stürzen, bei denen er z. T. starke Verletzungen davontrug.

Bemerkenswert ist insgesamt die recht nüchterne Darstellung des Alltags im Krieg, die sich der Dramatisierung weitgehend enthält und die verschiedenen Handlungen recht sachlich, sogar mit ironischer Brechung schildert. Die katholische Konfession spielte keine große Rolle, dennoch war der Söldner nicht unreligiös. Er dankte Gott für Bewahrung in prekären Kriegssituationen und bat für seine verstorbenen Kinder um die Auferstehung. Die Taufe der Kinder schien ihm wichtig zu sein. Demgegenüber sind religiöse Wunder wie das angeblich 300 Jahre dauernde Brennen einer Kerze für ihn nicht glaubwürdig. An die Aussagekraft von Kometen glaubte er im Gegensatz zu vielen seiner Zeitgenossen ebenfalls nicht. Für den Hexenglauben zeigte er sich nur in Ansätzen anfällig, eventuell schien er sogar Mitleid mit einem weiblichen Opfer in Lippstadt gehabt zu haben (vgl. Quelle 11). Mit dieser empathischen Sachlichkeit mutet er modern an, relativiert er doch dadurch das Bild einer Zeit, die gerade in Kriegszeiten von extremen Deutungen der Gegenwart geprägt war. Ob dieses Verhalten allerdings ›normal‹ oder nur ein extrem nüchternes Beispiel in einer bewegten Zeit war, sei dahingestellt.

Maurus Friesenegger: Ein katholischer Geistlicher erduldet den Krieg

Das Tagebuch des Maurus Friesenegger (1590–1655), seit 1627 Stellvertreter und seit 1640 Abt des südwestlich von München gelegenen Benediktinerklosters Heiligenberg (heute: Andechs), zeigt aus der Opferperspektive eines katholischen Geistlichen, wie der Krieg wahrgenommen wurde. Bemerkenswert sind dabei besonders die Zeiträume, in denen das Kloster durch die Kriegshandlungen in Bayern besonders bedroht war (1632–1634, 1646–1648). Das Kloster selbst lag vor allem in den Jahren 1632 bis 1634 an der Schnittstelle zweier Einflussbereiche. Im Westen war in Landsberg eine starke schwedische Stellung, die umliegenden Dörfer des Klosters sympathisierten zum Teil mit den Schweden. Im Osten reichte der Arm der bayerisch-kaiserlich-ligistischen Truppen bis fast an den Ammersee. Das Kloster wurde als ihr Vorratslager genutzt, wenn das schwedisch besetzte Landsberg angegriffen werden sollte. Obgleich Friesenegger seine Informationen über die Lage des Krieges zum Teil nur aus zweiter Hand erhielt und daher die absolute Glaubwürdigkeit von Teilen seiner Aussagen in Zweifel gezogen wird, so werden aus seiner Darstellung doch einige Besonderheiten deutlich: Friesenegger unterschied bei der Schilderung der Gewalttätigkeiten kaum zwischen den schwedischen oder französischen »Feinden« und den bayerisch-kaiserlich-ligistischen Truppen. Der Bedrohung durch den Einfall der Truppen entzogen sich die Ordensleute und die Dorfbewohner meist durch die Flucht; die Mönche flohen in sichere Nachbarorte oder gingen gar weiter ins Exil (Friesenegger verbrachte 1648 fünf Monate in Salzburg), die Dorfbevölkerung floh meist in die umliegenden Wälder. Die Reliquienschätze des Wallfahrtsklosters wurden schon im voraus vom bayerischen Landesherrn in Sicherheit gebracht, nur wenige Ordensleute blieben als Wache im Kloster zurück. Obgleich Friesenegger seit 1627 auch Pfarrvikar der benachbarten Gemeinde Erling war, findet sich trotz der erschreckenden Berichte über gewalttätige Übergriffe auf die dortige Bevölkerung kaum ein Hinweis auf eine seelsorgerliche Betreuung der Opfer. Stattdessen entgingen die Ordensbrüder bei der zeitweilig grassierenden Pest einer Ansteckung durch eine strikte Quarantäne und Abschottung vor der Bevölkerung. Von besonderer Bedeutung für die religiöse Interpretation der Kriegshandlungen ist die Eroberung des Territoriums durch schwedische Truppen im Mai 1632. Während sich Städte wie München freikauften oder Landsberg sich kampflos an die Schweden auslieferte, erwarteten die wenigen im Kloster verbliebenen Klosterbrüder deren Ankunft. Die Schweden blieben zunächst nicht länger als zwei Stunden, raubten einige Pferde, bevor eine weitere Gruppe der Reiterei eintraf. Schließlich kamen aber Bürger aus der benachbarten Stadt Weilheim, plünderten im Kloster »und gingen von Wein und Bier voll getrunken nach Haus, und überließen Kloster und Dorf ihrem Schicksal« (Friesenegger 2007, S. 17). Die Altäre und die meisten Bilder des

Klosters, vor allem auch ein Marienbild, blieben allerdings unbeschädigt, was Friesenegger als ein Wunder deutet. Man kann dies rein funktionalistisch als ökonomisch begründete Propaganda eines Klosterfunktionärs abtun, der mit diesen »Wundern« die Attraktivität des Wallfahrtsortes Heiligenberg nach außen oder aber die Legitimationsgrundlage der Grundherrschaft über die eigenen Untertanen nach innen steigern wollte. Diese Interpretation ist aber nicht zwingend, zumal das Tagebuch zunächst auch nicht veröffentlicht wurde. Man kann die Bemerkungen Frieseneggers auch als ein Zeugnis der tiefen Marienfrömmigkeit werten, die in dem Kloster schon immer gepflegt wurde und insgesamt seit dem Konzil von Trient und auch im Dreißigjährigen Krieg noch zugenommen zu haben scheint. Ferner zeugen die Notizen Frieseneggers davon, dass die liturgische Praxis in der katholischen Kirche sich wandelte. Der katholische Kirchenraum nahm durch die Ausschmückung von Altären, Reliquien und Heiligenbildnissen den besonderen Charakter einer geheiligten Stätte an, der sich in dieser Zeit in Abgrenzung zum eher nüchternen protestantischen Gotteshaus herausschälte. Zu dieser natürlich vom Klerus geförderten intensivierten katholischen Volksfrömmigkeit passt, dass Friesenegger akribisch die ausgeschriebenen Andachten und Ablässe notierte. Durch die Aufzeichnungen Frieseneggers wird deutlich, wie die katholische Geistlichkeit auf die Auswirkungen des Krieges reagierte. Die Volksfrömmigkeit sollte geweckt werden; der Wunderglaube und die Zuweisung von sakraler Kraft an katholische Kirchenräume waren die Mittel dafür.

Das folgende Beispiel eines verfolgten Protestanten soll zeigen, wie religiös aufgeladen die Gegenwart auf protestantischer Seite wahrgenommen werden konnte. Damit soll versucht werden, die extremen Grenzen der verschiedenen Erfahrungswelten noch weiter auszuleuchten.

Die Wahrnehmung eines Protestanten: Comenius und die Prophetien in der Brüderunität

Die Lebensgeschichte von Johann Amos Comenius (1592–1670), dem berühmten, international glänzend vernetzten Pädagogen und Philosophen, ist unmittelbar mit der obenerwähnten protestantischen Böhmischen Brüderunität verbunden. Schon früh verwaist (1602/03), erhielt er von 1608 bis 1611 auf der Lateinschule der Brüderunität im mährischen Přerov eine gründliche Ausbildung. Durch sein Studium auf der reformierten Hohen Schule in Herborn (1611–1613) und in Heidelberg (1613/14) wurde er mit dem Chiliasmus, d. h. dem theologisch begründeten Endzeitglauben, und mit der reformierten Irenik, einer Bewegung, die die konfessionellen Gegensätze zu überwinden suchte, bekannt.

Als Lehrer und seit 1616 auch als ordinierter Priester der Brüderunität war er tief von der Haltung geprägt, dass der Papst den in der Bibel erwähnten Antichrist darstelle, der in der bevorstehenden Endzeit vom wiederkehrenden Christus besiegt werde. Dieser Endzeitglaube verstärkte sich in der folgenden Krisenzeit in Böhmen und Mähren. Grundlegend für diesen Glauben war die Vorstellung, dass der Ablauf der Geschichte göttlicher Lenkung unterstehe. Gott habe die Geschichte mit der Schöpfung begonnen, bestimme sie durch alle Zeiten hindurch und führe sie mit dem Jüngsten Gericht, in dem der wiederkehrende Christus die Menschen richte, zu ihrem Ende. Daher könne man in der Vergangenheit schon Zeichen für Gottes Einfluss und Hinweise für sein zukünftiges Handeln finden. Die Bilderwelt der Bibel, besonders des letzten Buches des Neuen Testaments, der *Offenbarung des Johannes* (auch ›Apokalypse‹ genannt), wird als aussagekräftiger Bezugspunkt gesehen, der die bedrohlichen Erscheinungen der Gegenwart (z. B. Krieg, Hunger, Erdbeben) aufgreift und innerhalb einer Heilsgeschichte einordnet. Sie seien demnach nur die Vorzeichen einer Endzeit, die der Zeit des wiederkehrenden Christus vorausgehe. Ergänzt wird die Erforschung der Zukunft durch die Interpretation der ›Zeichen‹ in der Gegenwart (z. B. auch Naturerscheinungen wie Kometen, vgl. Quelle 6). Christus werde schließlich die Kräfte der Finsternis, die sich in der Person des Antichrist zeigen, besiegen. Das Bewusstsein, in der Endzeit zu leben, konnte daher als Ansporn dienen, den gegenwärtigen Prüfungen standzuhalten, dem wahren Glauben treu zu bleiben und so die Voraussetzungen für ein Bestehen vor Christus beim Jüngsten Gericht zu schaffen. Dieser Endzeitglaube fand in der Frühen Neuzeit vor allem in protestantischen Gebieten großen Anklang. Die für vielerlei Deutungen offene Bilderwelt lud zu sehr radikalen politischen Schlussfolgerungen ein, die besonders nach dem Scheitern des Täuferreichs von Münster (1534/35) offiziell verpönt, in der Religiosität der Bevölkerung aber weiterhin vorhanden war. In den protestantischen Territorien Deutschlands und Skandinaviens wurden im 16. und frühen 17. Jahrhundert mehr als 200 Volkspropheten gezählt, die vor allem Endzeitvisionen verbreiteten. In Krisenzeiten konnten solche apokalyptischen Bilderwelten schnell wieder aufgegriffen und reaktiviert werden. Dies erfolgte besonders stark im Dreißigjährigen Krieg und wurde durch die Publizistik verbreitet (vgl. Quelle 9). Auch die Böhmische Brüderunität und Comenius erfasste dieser stark ausgeprägte Endzeitglaube, besonders als nach der Niederlage der protestantischen Stände 1621 die Güter des protestantischen Adels beschlagnahmt und nichtkatholische Geistliche, Professoren und Schulmeister verbannt wurden. Durch diese Maßnahmen wurden zunächst die politischen und geistigen Träger des Aufstandes getroffen. Erst mit dem sogenannten ›Rekatholisierungspatent‹ vom Juli 1624 und dem Ausweisungsmandat des Kaisers Ferdinand II. vom 31. Juli 1627, das allen Nichtkatholiken den weiteren Aufenthalt in Böhmen verbot, waren auch breitere Kreise der Bevölkerung von der Rekatholisierung betroffen. Comenius musste sich ab 1621 an wechselnden Orten im Untergrund aufhalten. Dies bewirkte bei ihm zusammen mit persönlichen Schicksalsschlägen – seine Frau und seine Kinder kamen in den ersten Kriegsjahren um – eine tiefe Verunsicherung. Die Vorstellung, in einem Labyrinth herumzuirren, persönliche und gesellschaftliche Sicherheiten verloren zu haben, teilte er mit vielen Böhmen und Mähren in dieser Zeit.

Seine bis dahin noch relativ gemäßigt antikatholischen Positionen standen im Jahr 1625 durch die Begegnung mit dem schlesischen Weißgerber und Propheten Christoph Kotter und noch viel mehr 1627 mit der 17jährigen Christina Poniatowska auf dem Prüfstand.

Die Erscheinungen der Christina Poniatowska (1610–1644), die zwar schon in den 1630er Jahren niedergeschrieben, von Comenius aber ebenso wie Kotters Prophetien erst 1657 in der Schrift *Licht in der Finsternis* veröffentlicht wurden, fallen in die Zeit der großen militärischen Niederlagen der protestantischen Seite im Krieg und der Übersiedlung eines Teils der verfolgten Brüderunität in das polnische Leszno. Die Tochter des ehemaligen polnischen Mönchs Julian Poniatowski, der aufgrund seines Glaubenswechsels zur Brüderunität Polen verlassen musste und 1627 Hofbibliothekar des mährischen Adligen Karel von Žerotín wurde, blieb im Oktober 1627 ohne ihren Vater bei einer adligen Familie der Brüderunität zurück. Poniatowska, deren Mutter ein Jahr zuvor gestorben war, erlebte von November 1627 bis zum Januar 1629 mehrere ekstatische Visionen, die auch ihre Erfahrungsauslegungen der kriegsbedingten Verfolgungssituation widerspiegeln. Die Tochter versicherte dem skeptischen Vater, der vorher publizistisch gegen die Verbreitung der Visionen Kotters tätig geworden war, dass sie keine Prophetin sein wolle und auch unter keiner – wie sie es ausdrückt – »Phantasey oder Hauptkranckheit« (Anonym, wohl Comenius) leide, sondern dass sie als ein Werkzeug Gottes lediglich sage und aufschreibe, was sie sehe und höre. Die Visionen beginnen mit der Schau einer blutigen Rute am Himmel, eines Kometen, des Zeichens für das einsetzende göttliche Strafgericht. In der Folge beschreiben ihre Visionen die angenehme Gegenwelt zu ihrer als bedrohlich empfundenen Gegenwart: Sie gelangt in schöne Gassen einer Stadt – als das endzeitliche Jerusalem zu deuten –, in paradiesische Gärten und schließlich in den Himmel selbst, in dem sie auch dem himmlischen Bräutigam – dem wiederkehrenden Christus aus der *Offenbarung des Johannes* – begegnet. In einer späteren Phase ihrer Prophetien, als die Umsiedlung nach Leszno in Polen näher rückt, bekommen die ekstatischen Visionen einen immer aggressiveren Charakter: Zwei Löwen von Mitternacht und Morgen, gedeutet als Ungarn und Türken, schlagen einem Pferd, das mit dem habsburgischen Kaiser Ferdinand II. identifiziert wird, den Kopf ab. Schließlich tritt in der Vision ein dritter Löwe diesen beiden zur Seite und vernichtet das babylonische Haus. Das Motiv des Löwen, des Wappentiers des Kurfürsten Friedrich von der Pfalz, ist das Symbol für den heilsgeschichtlichen Hoffnungsträger auf protestantischer Seite. Dieses Symbol ging ab 1630 in der Publizistik auf Gustav II. Adolf über (vgl. Quelle 9). Poniatowska reduzierte ihre kriegsaufgeladene Erfahrungswelt auf den Gegensatz von ›Gut‹ und ›Böse‹, wie es häufig in Prophetien oder apokalyptischen Texten geschieht. In der Vision der Poniatowska wurde diese Denkfigur anhand der zwei Heeresgruppen, die gegeneinander antreten, oder anhand der Konstruktion einer angenehmeren zukünftigen Gegenwelt zur bedrohlich wahrgenommenen Gegenwart deutlich.

Bemerkenswert ist das politische Handeln der ›Prophetin‹, das dieser Wahrnehmung der Gegenwart entsprang. Im Januar

1628 begab sie sich auf angeblich göttlichen Befehl zum Herrschaftssitz Wallensteins nach Jičín (Gitschin) in Böhmen, um einen Brief zu übergeben, der, aus göttlicher Inspiration geschrieben, den Großunternehmer des Krieges zur Buße aufrief. Zu dieser Zeit ruhten viele Hoffnungen der in Böhmen verfolgten Protestanten auf Wallenstein, der zum katholischen Glauben gewechselt war. Poniatowska hatte in Gegenwart der Frau Wallensteins – Wallenstein selbst war zu der Zeit am Kaiserhof – eine ekstatische Vision, die großen Eindruck hinterließ. Als die anwesenden Jesuiten aber den ›göttlichen‹ Brief an Wallenstein gelesen hatten, drangen sie auf eine Festnahme der ›Prophetin‹ und ihrer Begleiterinnen, der diese aber dank der Unterstützung der Gattin Wallensteins entgehen konnten. Dem Besuch in Jičín folgte unmittelbar der Aufbruch der Poniatowska und auch des Comenius nach Leszno, vielleicht um einer drohenden Verfolgung zu entkommen. Comenius war zuvor bei einigen Ekstasen anwesend gewesen. Die Visionärin wohnte im polnischen Leszno bei ihm, so dass er ihre folgenden Erscheinungen gut dokumentieren konnte.

Aufschluss über die Wirkung der Poniatowska gibt die Schlussphase ihres prophetischen Wirkens. In Leszno, das mit deutschsprachigen lutherischen Flüchtlingen aus Schlesien sowie mit böhmischen Exulanten aus der Brüderunität angefüllt war, hatten die Visionen ein derartiges Aufsehen erregt, dass der Territorialherr von Leszno, Graf Rafał Leszczyński, im April 1628 eine Untersuchung dieses Falles durch Ärzte und Theologen durchführen ließ. Auch die Brüderunität untersuchte im Januar 1629 die Visionärin. Poniatowska betonte während der Befragung, dass sie mit ihren Worten die göttlichen Offenbarungen aufgeschrieben habe, ohne etwas hinzugefügt, ausgelassen, verändert oder gar einen Betrug begangen zu haben. Als sie in der Befragung ihren eigenen Tod ankündigte, strömten über dreißig Männer und Frauen, adligen und nichtadligen Standes, im Haus des Comenius im Zimmer der Poniatowska zusammen. Sie beobachteten ihr scheinbares Sterben, dem ein letzter ekstatischer Anfall vorausging. Nachdem sie gebetet hatten, verließen die Anwesenden das Zimmer in der Meinung, die ›Prophetin‹ sei gestorben. Am Abend aber kam sie in Gegenwart des Comenius wieder zu sich. Sowohl in der deutschen lutherischen Kirche als auch im polnischen Zweig der Brüderunität, der sich seit 1548 in Leszno befand, wurde am nächsten Tag ein Dankgottesdienst für die ›Auferstehung‹ der ›Prophetin‹ abgehalten. Nur im böhmischen Teil der Brüderunität hegte man weiterhin Zweifel an der Echtheit der Visionen. In dem internen Richtungsstreit, der nun ausbrach, setzte sich Comenius vehement, aber erfolglos für die Anerkennung der Visionen als Offenbarung Gottes ein. Eine Synode im Jahr 1629 verhängte ein Schweigegebot über die Visionen, das Comenius im wesentlichen bis 1657 einhielt. Poniatowska hatte seit ihrem ›Tod‹ und ihrer ›Auferstehung‹ keine weiteren Visionen mehr.

Dieser Fall zeigt, dass die Verbreitung der Visionen die Grenzen sozialer Schichten und Konfessionen überwand. In Leszno, das aufgrund der vielen Flüchtlinge eine besondere Krisensituation durchlebte, erreichten die endzeitlichen Deutungen der Gegenwart eine breite Basis in der Bevölkerung. Anders als im Fall Peter Hagendorfs zeigten sich hier viele Flüchtlinge für extreme Deutungen der Gegenwart offen. Sie bilden den anderen Pol dessen, wie ›Opfer‹ die Gegenwart und damit auch die erzwungene Passivität in aktives Handeln umwandeln konnten. Während Hagendorf als Söldner im Vergleich zu der vom Krieg betroffenen Zivilbevölkerung relativ viele Handlungsmöglichkeiten hatte, nutzte gerade der Endzeitglauben einigen protestantischen Gruppen, um wieder handelnd in die Gegenwart einzugreifen. Comenius, der zum Bischof der Böhmischen Brüderunität erhoben wurde, mag als Beispiel dienen.

Comenius griff den Gegensatz aus gegenwärtigem Mangel und der in den Prophetien verheißenen Fülle als ein handlungsleitendes Motiv auf:

> »Als die Flamme der Kriege die benachbarten Länder und schließlich Europa ergriffen hatte, und alles in der Christenheit von Verwüstung bedroht war, bedeutete (mir) nichts anderes größeren Trost, als die alten Versprechungen Gottes vom letzten Licht, dass endlich die Dunkelheiten überwunden sein würden« (Comenius, *Via lucis*, 1974 [1641], S. 285).

Aus dieser Motivation heraus suchte er nach der menschlichen Mitwirkung, die die Jugend – und damit die Menschen allgemein – aus ›der Finsternis‹ ihrer Sinne ins Licht und zur Wahrheit führen könne. Er glaubte fest an ›seine‹ Wahrheit. Dieser Glaube durchzieht selbst die irenischen Bemühungen des Comenius, die unterschiedlichen Konfessionen – Katholiken, Lutheraner und Reformierte – zu versöhnen. So war z. B. das Ziel der Diskussion mit den Katholiken bei einem Religionsgespräch, dem Colloquium Charitativum im polnischen Thorn 1645, die Bekehrung der Katholiken zur Wahrheit, wie Comenius sie verstand, mit Hilfe des wiederkehrenden Christus. Comenius begriff die Zeit der einberaumten Friedensverhandlungen in Osnabrück und Münster und den besonderen Moment der Möglichkeit des interkonfessionellen Gesprächs in Polen als eine Wendezeit in der Geschichte. In seiner heilsgeschichtlichen Naherwartung wurde er durch die Prophetien des Mikuláš Drabík ermutigt, mit denen er 1643 in Berührung kam. Seine praktische Beteiligung sowie seine theoretische Vorbereitung für den Erfolg dieser von ihm heilsgeschichtlich wahrgenommenen Ereignisse mündeten schließlich in die Planung der universellen »Verbesserung der menschlichen Dinge«, die er in seinem zu Lebzeiten unveröffentlichten Lebenswerk, der *Allgemeinen Beratung zur Verbesserung der menschlichen Dinge* (erste vollständige Veröffentlichung 1966), formulierte. Mit diesen Planungen wollte Comenius dem wiederkehrenden Christus entgegengehen.

Im Mittelpunkt des sechsten Teils der *Allgemeinen Beratung*, der *Allverbesserung*, steht die Reform der drei gesellschaftlichen Bereiche Philosophie, Religion und Politik. Mittel zur Durchführung eines Reformprogramms sind für die jeweiligen Bereiche ein Weltbund der Gelehrten, ein ökumenisches Konsistorium der Kirchenleute und ein Weltfriedensgericht. Endzweck und Ziel der neuen universalen Politik sei es, »die Völker in Eintracht zusammenzuführen, dabei unter dem Menschengeschlecht die Kriege zu schlichten und zu beseitigen, ja selbst die Ursache für Kriege auszuschließen« (Johann Amos Comenius, *De rerum humanarum emendatione Consultatio Catholica*, col. 509). Die Krönung dieser Organisationen ist ein oberster Weltrat. Ziel dieser Institutionenbildung ist es, dass »überall die Philosophie der Wahrheit, die Religion der Frömmigkeit und die Politik des Friedens und der Sicherheit herrsche« (ebd. col. 538).

Der Schlüssel zum Verständnis des Friedensgerichtes und auch des Obersten Weltrats liegt in der Einbettung in die religiöse Symbolwelt, die das uns so modern anmutende Programm, das an den Völkerbund und die UNO erinnert, in eine andere, für unser heutiges Verständnis fremde Perspektive rückt.

An dem Beispiel der Prophetien im Umfeld des Comenius wird deutlich, welche weltverändernden neuen Gedanken aus der aufgeheizten Erfahrungswelt des Dreißigjährigen Krieges hervorgehen konnten. Bezeichnend dabei ist, dass diese von einem der Verlierer des Krieges ausgehen, da die protestantischen Böhmen beim Friedensschluss von Münster und Osnabrück leer ausgingen. Das ›Moderne‹ und das uns fremd Erscheinende standen in der Übergangszeit des 17. Jahrhunderts eng beieinander. Die Menschen waren in den extremen Bedrohungslagen, in denen sie lebten, auf der Suche nach Ordnung. Peter Hagendorf fand die Ordnung in seiner Familie, die es ihm ermöglichte, im Krieg zu überleben, und einem pragmatischen Gottesglauben, der ihm half, Notsituationen zu überstehen. Die Propheten um Comenius und er selbst suchten sie in religiösen Sinnangeboten, die das Leiden mit Hoffnungen in Verbindung brachten. Eine damals gängige endzeitliche Deutung wurde individuell umgeformt und in Handlungen und weltverbessernde Konzeptionen verwandelt. Die Suche nach Ordnung war bei Comenius – und vielen seiner Zeitgenossen – ständig in Bewegung.

Es gab zu dieser Zeit natürlich neben dem familiären Halt und dem Endzeitglauben, der vor allem für den protestantischen Raum bezeichnend ist, viele weitere Sinngebungsangebote. Überkonfessionell war die Erbauungs- und Trostliteratur sehr populär. Im Kirchenlied spiegelte sich diese Frömmigkeit in vielen Texten wider. Vielfach – vor allem im Luthertum – wurden die als unbeschreibbar dargestellten Leiden als Strafe Gottes für das wankelmütige und sündige Verhalten der Menschen gedeutet (vgl. Quelle 14). Der 1618 erschienene Komet war dafür ein deutliches Zeichen, das vor allem im Rückblick als wichtiges Erklärungsmuster erschien (vgl. Quelle 6). Die Leiden seien eine Prüfung, die Gott den Menschen auferlegt habe, um sie zu bessern. Die mordenden Soldaten erscheinen dabei als Instrumente Gottes, die er in seinem Strafgericht oder aber zur Besserung der Menschen einsetzt (vgl. Quelle 14). Strafe für Sünden und Bewährung des eigenen Glaubens, das waren mögliche Erklärungsweisen der Menschen für die als außergewöhnlich wahrgenommenen Leiden. In lutherischen Gebieten florierten in der ersten Hälfte des 17. Jahrhunderts

Buß- und Fasttage. Anlässe für dieses kollektive Frömmigkeitsritual stellten der Krieg, Pest und Hungersnöte dar, denen mit Hilfe des gemeinsamen Büßens und Betens Abhilfe geschaffen werden sollte. Manchmal wöchentlich, manchmal drei- bis viermal im Jahr wurden sie von den Obrigkeiten ausgerufen. In katholischen Städten (z. B. in Kronach und Überlingen) fanden jährlich Dankprozessionen statt für erfolgreich überstandene Belagerungen durch die Schweden. Die der göttlichen Fügung zugeschriebene Rettung vor der Eroberung führte hier zu einer intensiven Kultur christlicher Glaubensinszenierung. Auch nicht zufällig intensivierte sich in der ersten Hälfte des 17. Jahrhunderts die Eucharistieverehrung der katholischen Kirche. Prozessionen und Mehrstundengebete, in denen für Frieden gebetet wurde, waren bei allen Bevölkerungsschichten ungemein populär. Gleiches gilt für die Verehrung der Maria z. B. mit Hilfe der Marienbanner, die im Krieg von Feldpredigern zur Motivierung der Soldaten eingesetzt wurden.

Religiöse Deutungsangebote waren im Dreißigjährigen Krieg für viele Menschen zunehmend attraktiv, um ›Ordnung‹ in ihr Leben zu bringen. Viele Frömmigkeitsformen blühten und entwickelten sich in dieser Zeit weiter. Sie scheinen eine Entwicklung der nachreformatorischen Jahrhunderte unterstützt zu haben. In allen drei großen christlichen Konfessionen verfestigten sich Frömmigkeitsformen: Kirchenglocken strukturierten den Tageslauf, Morgen- und Abendgebete wurden in der Familie gehalten, und Gebetbücher boten fromme Orientierung. Dessen ungeachtet standen religiöse Sinngebungsangebote nicht allein und alternativlos da, wie das Selbstzeugnis Peter Hagendorfs zeigt (Quelle 11; vgl. auch Quelle 12).

2.7 *Der Frieden von Münster und Osnabrück*

Die Dringlichkeit der Beendigung des Krieges war aufgrund der Erschöpfung, die alle Kriegsparteien erfasst hatte, offensichtlich. Schon im Verlauf des Krieges war es immer wieder zu vereinzelten Friedensverhandlungen gekommen, die aber nie zu einem Erfolg geführt hatten. Zu unterschiedlich waren immer noch die Interessen und Ziele der einzelnen Parteien. Hinzu kam, dass ein Friede ein gesamteuropäischer Friede sein musste, da der Krieg die Interessen vieler europäischer Mächte betraf. Die Lösung der Krise der Reichsverfassung, die sich in dem Krieg gezeigt hatte, war offen. Es gab vier Konflikte zu bearbeiten: 1) den niederländisch-spanischen, 2) den französisch-spanischen, 3) den kaiserlich-französischen und 4) den kaiserlich-schwedischen. Zur Lösung dieser Fragen kamen Diplomaten aller genannten Länder und Vertreter der Reichsstände sowie des Vatikans von 1643 bis 1649 in Münster und Osnabrück zusammen. Die Vermittlung zwischen den Parteien übernahmen der päpstliche Gesandte und ein venezianischer Diplomat. In Osnabrück hielten sich die protestantischen Verhandlungsführer, in Münster die katholischen auf.

1) Der erste Konflikt, der auch am schnellsten gelöst wurde, war derjenige, der schon am längsten ausgetragen worden war. Vertreter der niederländischen Generalstaaten und der Spanier beendeten den ›Achtzigjährigen Krieg‹ mit dem Austausch der Vertragsurkunden am 30. Januar 1648. Die schnelle Verständigung kam deshalb zustande, weil beide Parteien es vorzogen, direkt und nicht durch eine schriftliche Vermittlung zu verhandeln. Ferner konnten die Hindernisse, die auf beiden Seiten einer Einigung im Weg standen, recht schnell aus dem Weg geräumt werden. Auf niederländischer Seite waren vor allem besonders strenge Calvinisten zu keinen Zugeständnissen an die Spanier bereit, ferner gab es wirtschaftliche Interessen

niederländischer Städte. Es setzte sich jedoch die Linie des Statthalters der Vereinigten Niederlande, Prinz Friedrich Heinrich von Oranien, durch. Er verfolgte das Ziel, eine rechtlich verbindliche internationale Anerkennung der Niederlande als eigener Staat zu erreichen. Für die Spanier, die sich als Verteidiger des Katholizismus in Europa betrachteten, war der Frieden mit den Vereinigten Niederlanden zwar in vielerlei Hinsicht ein herber Rückschlag, aber immer noch besser als ein unsicherer Friede mit Frankreich. Die Spanier mussten akzeptieren, dass die Niederländer die territorialen Gewinne zum Zeitpunkt des Vertragsabschlusses sichern konnten und auch die Katholiken in den Vereinigten Niederlanden nicht gesondert geschützt wurden. Diese erhielten zwar das Recht auf Gewissensfreiheit, durften ihre Religion aber nicht öffentlich ausüben. Gleiches galt zwar für Protestanten in Spanien, doch angesichts der Tatsache, dass in den Vereinigten Niederlanden der katholische Anteil recht hoch (37 Prozent in den sieben Nordprovinzen), in Spanien allerdings der protestantische Anteil gegen null ging, war dies für den Papst nicht hinnehmbar. Er protestierte daher bei den Spaniern gegen diesen Vertrag. Auswirkungen hatte dies am Ende jedoch nicht. Die Vereinigten Niederlande waren als souveräner Staat aus der Taufe gehoben worden.

2) Die Verhandlungen zwischen Frankreich und Spanien kamen zwar voran, wurden aber kurz vor Vertragsabschluss abgebrochen. Erst im Jahr 1659 wurde ein Friede zwischen beiden Großmächten möglich.

3) und 4) Sowohl bei den kaiserlich-französischen als auch bei den kaiserlich-schwedischen Verhandlungen waren die Reichsstände direkt beteiligt, da diese Verhandlungen die Lösung der gesamten Reichskrise betrafen. Die Reichsstände waren seit 1635 geteilt in diejenigen, die sich dem Prager Frieden angeschlossen hatten, und diejenigen, die davon ausgeschlossen waren (z. B. Hessen-Kassel) oder sich nicht daran beteiligt

hatten. Ihre direkte Beteiligung war eine Niederlage für Ferdinand III., der sich doch als Kaiser als Vertreter der Reichsinteressen betrachtete. Aufgrund der Niederlagen auf dem Schlachtfeld 1645 fehlte ihm allerdings eine starke Verhandlungsbasis. Hier ging es neben den territorialen und strategischen Interessen der jeweiligen großen Mächte um die Lösung der Krise der Reichsverfassung. Frankreich wollte dem Kaiser die Beendigung seiner Unterstützung der spanischen Linie der Habsburger in Kriegen abringen. Ferner wollte es die Oberhoheit über das Elsass gewinnen. Diesem Anliegen musste die kaiserliche Verhandlungsseite schließlich entgegenkommen, indem das Haus Habsburg die elsässischen Hoheitsrechte abtrat. Das Elsass ging in den nächsten Jahrzehnten zu Frankreich über. Schweden wollte seine hohen Aufwendungen für den Krieg territorial entschädigt sehen und bekam schließlich den Großteil Vorpommerns und das Erzbistum Bremen zugesprochen. Frankreich und Schweden garantierten dann auch die Umsetzung der Reform der Reichsverfassung, die schließlich zu einem Ergebnis führte. Nach dem Vorbild des Prager Friedens wurde das Restitutionsedikt gänzlich außer Kraft gesetzt. Als Normaljahr galt nun der Stichtag 1. Januar 1624. Alle Stände, also auch die bisher ausgeschlossenen, wurden in die Vereinbarungen aufgenommen. Das bedeutete faktisch, dass Böhmen weiterhin in der Hand der Habsburger blieb und hier die konfessionellen Verhältnisse nicht wieder rückgängig gemacht wurden. Die Kurpfalz allerdings bekam große Teile ihres Gebiets zurück und eine gesonderte achte Kurwürde (vgl. Quelle 13). Bei Bayern verblieb allerdings die von der Pfalz erhaltene Kurwürde. Ansonsten wurde die alte Reichsverfassung unter Führung des Kaisers wiederbelebt, allerdings mit einigen wichtigen Veränderungen: Die Reichsstände durften zwar Bündnisse mit auswärtigen Mächten abschließen, allerdings unter dem entscheidenden Vorbehalt, dass damit die Interessen des Kaisers und der Reichsordnung nicht beeinträchtigt wurden. Bei konfessionellen Konflikten sollten Katholiken und Evangelische (d. h. Lutheraner und Reformierte gemeinsam) in zwei getrennten Kammern beraten und dann zu einer einvernehmlichen Lösung kommen. Das Reichskammergericht wurde konsequent konfessionell paritätisch, d. h. zu gleichen Anteilen, besetzt, wobei der Kaiser allerdings zwei gesonderte Beisitzer stellte. In den im Vorfeld von 1618 rigoros katholisch urteilenden Reichshofrat wurden sechs Protestanten aufgenommen, die als Minderheit bei einem einmütigen Votum ein Veto in konfessionellen Fragen besaßen. In den Reichsstädten, in denen Katholiken und Protestanten nebeneinander wohnten, wurde festgelegt, dass beide Gruppen in dem Rat mit gleicher Anzahl vertreten waren (Augsburg, Biberach, Dinkelsbühl und Ravensburg).

Damit schienen die strittigen Fragen gelöst zu sein. Der Abschluss wurde im Reich weithin akzeptiert. Dazu trug bei, dass die Reformierten nun in den Kreis der im Reich anerkannten Konfessionen aufgenommen wurden. Ferner wurde zukünftigen möglichen Rechtsstreitigkeiten damit vorgebeugt, dass eine allgemeine Amnestie, d. h. eine Straffreiheit für begangene Untaten im Krieg, erteilt wurde (vgl. Quelle 13). Aus heutiger Sicht wirkt diese Maßnahme gerade im Angesicht der begangenen Untaten als unpassend, weil die Straffreiheit auch zu einer geringeren Akzeptanz der Rechtsvorschriften in Friedenszeiten führen könnte. Ferner lebten nun Opfer – soweit noch am Leben – und Täter weiter Seite an Seite. Tatsächlich sind diese Momente auch in der Gegenwart große Gefahren für Nachkriegsgesellschaften. In der Frühen Neuzeit wurden diese Gefahren ausgeblendet, weil es zunächst einmal sicherer erschien, den Frieden zu erwirken und auch die rechtlichen Institutionen der Nachkriegsordnung nicht gleich mit komplizierten Rechtsstreitigkeiten zu belasten. Gerade aber die Untaten waren es, die die Wahrnehmung des Dreißigjährigen Krieges wesentlich prägen sollten.

Mit dem Abschluss des Vertrags zwischen Schweden, Frankreich und den Vertretern des Reichs war allerdings der Krieg noch nicht beendet, da noch die gewaltigen Truppenverbände im Land standen. Frankreich, Spanien und Schweden erhielten schließlich in Folgeverhandlungen in Nürnberg finanzielle Erstattungen für die teilweise erheblichen Rückführungen ihrer Armeen zugesagt. Diese erfolgten dann langsam. Erst mit der letzten Erstattung von Zahlungen verschwanden die letzten auswärtigen Truppen 1654 vom Reichsgebiet.

2.8 Die Folgen des Krieges

Es lassen sich unterschiedliche Ebenen der Folgen des Krieges unterscheiden: 1) wirtschaftliche, 2) politische und militärische und 3) kulturelle Folgen.

1) Die wirtschaftlichen Folgen bestanden zunächst einmal in dem Bevölkerungsrückgang, der aber nicht genau zu beziffern ist. Für das Gebiet Deutschlands in den Grenzen von 1914 ist von einem Bevölkerungsrückgang von ca. 25 bis 40 Prozent auszugehen. Eine Schätzung spricht von 17,1 Millionen im Jahr 1618 und von 10 Millionen Einwohnern im Jahr 1650 (vgl. Quelle 1). Dabei muss man berücksichtigen, dass der Krieg in den verschiedenen Gebieten des Reiches sehr unterschiedlich gewirkt hat. Während er in Nordwestdeutschland fast gar nicht stattfand, häuften sich Kriegshandlungen im südlichen, vor allem im südwestlichen Raum, wo teilweise mehr als die Hälfte der Bevölkerung im Krieg starb, zum kleineren Teil an Gewalttaten, vor allem an Krankheiten und Seuchen (vgl. Quelle 6). Diese trafen auf schon durch Missernten, Klimakrisen, Flucht und kriegsbedingte Mangelernährung geschwächte Menschen und wirkten damit umso heftiger. Hinzu kam, dass

Krankheitserreger durch die umherziehenden Soldaten, Marketender und Flüchtlinge verbreitet wurden. Diese Folgen des Krieges fielen in den Beschreibungen des Krieges häufig unter den Tisch, vielmehr prägten Bilder militärischer Gewalt das Szenario. Bis etwa in die Zeit zwischen 1700 und 1740 konnten die Bevölkerungsverluste wieder ausgeglichen werden (vgl. Quelle 1).

Wirtschaftlich profitierten norddeutsche Handelsstädte wie Hamburg und Bremen ungemein von dem Krieg. In einzelnen Regionen wie Württemberg oder Bayern konnten zeitweise Kleinbauern, in anderen wie Brandenburg Großgrundbesitzer, die die frei gewordenen Gebiete in ihre Güter eingliederten, ihren Vorteil aus dem Krieg ziehen. Für einige bäuerliche Handwerker boten sich nun in Städten einträglichere Beschäftigungsmöglichkeiten. Insgesamt litt aber die Bevölkerung unter der Gesamtbelastung durch die Schulden, die die Landesherrschaften, aber auch Privatpersonen belasteten. Diese Schulden konnten nur z. T. bei den Gläubigern gestundet werden, vielfach gab die immer effizienter agierende Landesherrschaft diese Last durch Steuern an die Bevölkerung weiter. In Württemberg wurde dabei besonders der Handel besteuert, die Bauern sollten aufgrund der notwendigen Aufbauleistung der Ernährungswirtschaft nicht so stark belastet werden. Insgesamt lähmten aber die Folgen des Krieges die gesamtwirtschaftliche Lage und führten zu einem recht langsamen und mühevollen Wiederaufbau.

2) Die politischen Folgen sind mit der stabilen Befriedung des Reiches und der Verbesserung der mitnichten krisenfesten Reichsverfassung erst einmal positiv zu vermerken. Dies haben nach 1648 die Menschen auch erst einmal in 174 Friedensfesten zum Ausdruck gebracht (vgl. Quelle 14). Der konfessionelle Streit konnte nun nicht mehr so verheerende Folgen für die politische Ebene haben, weil die Politik durch die konfessio-

nelle Parität in den verschiedenen Institutionen eine tragbare Lösung der Reichskrise gefunden hatte. Mochten auch die Katholiken sich nicht so recht freuen, weil der Papst den Frieden ablehnte und das Ideal einer einheitlichen Kirche nun in weite Ferne rückte, so stand für die Protestanten und besonders für die Reformierten insgesamt fest, dass diese Lösung ihren Bestand rechtlich absicherte. Über die Grenzen hinweg führte der Frieden von Münster und Osnabrück die Bedeutung internationaler Friedensverhandlungen unmittelbar vor Augen, die nun vorbildlich wirkten. Damit wurde der Friede als politische Norm auch fester im politischen Bewusstsein verankert, ohne dass sich dadurch die Kriege in den nächsten Jahrhunderten vermindert hätten. Mit den Niederlanden betrat ein neuer souveräner Staat das europäische Parkett. Die schweizerische Eidgenossenschaft wurde wie die Niederlande offiziell unabhängig vom Heiligen Römischen Reich Deutscher Nation. Die auswärtigen Mächte wie Frankreich und Schweden sahen im Heiligen Römischen Reich keine Bedrohung mehr, weil dieses von seiner Struktur her auf Befriedung der inneren Verhältnisse und nicht auf Expansion ausgerichtet war. Nationalisten im 19. und 20. Jahrhundert sahen hier gerade eine Schwäche des Friedensvertrags, freilich nur, um daraus wieder ein Expansionsstreben zu begründen. Nach dem Zweiten Weltkrieg rückte der föderale Charakter dieser Friedensordnung wieder positiv in das Bewusstsein deutscher Historiker. Neben diesen politischen Folgen, die zunächst friedliche Lösungen zu ermöglichen schienen, traten die militärischen Folgen, die diesem entgegenwirkten und dafür sorgten, dass auch in den nächsten Jahrzehnten Kriege an der Tagesordnung blieben. Johannes Burckhardt stellt in Europa eine Kriegsverdichtung für die gesamte Zeit des 16. und 17. Jahrhunderts fest und bezieht bewusst die Jahre nach 1648 mit in seine Überlegungen ein (vgl. Burkhardt 1992, S. 10). Die Erfahrungen während des

Dreißigjährigen Krieges führten dazu, dass Heeresverbände der Landesherren, Fürsten und Könige einfach »stehen« blieben und ein stehendes Heer entstand. Der Krieg hatte neue erfolgreiche Kampftechniken hervorgebracht, zu denen besonders der Gebrauch von Handfeuerwaffen gehörte. Die Handhabung der Gewehre verlangte nach einer guten Übung, der Einsatz der Soldaten wurde zudem neu organisiert. Die Soldaten waren in langgezogenen Reihen in Schützengräben aufgestellt, schossen in Salven und luden dann ihre Gewehre nach. An ihre Stelle trat während des Nachladens eine nächste Reihe von Soldaten, die eine nächste Salve losließ. Diese neue Strategie musste aufwendig eingeübt werden. Professionelle Soldaten, auf die man ständig zurückgreifen konnte, waren da von Vorteil. Ferner eröffnete ein stehendes Heer den Landesherren und Königen die Möglichkeit, flexibel auch Angriffskriege zu führen, da das Heer recht schnell zu mobilisieren war. Ludwig XIV. sollte davon in den Jahren seiner Herrschaft regen Gebrauch machen. Eine andere Folge ging damit einher. Die hohen Kosten für ein stehendes Heer überstrapazierten die öffentlichen Haushalte nicht selten und weisen auf ein Problemfeld der frühneuzeitlichen Staatsbildung hin: die schwierige Finanzierung der häufig aufwendigen neuen Felder staatlichen Wirkens.

3) Inwiefern der Frieden als ein kultureller »Störfall« (Burkhardt 1992, S. 233) für den einfachen, durch die Gewalterfahrungen stark verunsicherten Gottesglauben gewirkt hat, ist aufgrund der Quellenlage kaum zu überprüfen (vgl. Quelle 12). Vielmehr zeichnet sich ab, dass die Vielfalt der religiösen Deutungsmuster des Kriegserlebens dafür spricht, dass die Durchdringung der Bevölkerung mit christlichen Erklärungsmustern auf jeden Fall nicht zurückgegangen ist, ggf. sogar noch zugenommen hat. Konfessionelle Gegensätze wurden von Theologen weiterhin und immer wieder unerbittlich aus-

getragen, allerdings führten sie nicht mehr zu einer Verschärfung der Konflikte, wie dies zeitweise im Dreißigjährigen Krieg der Fall gewesen war. Einen Krieg im Namen einer Konfession zu führen war nunmehr schwerer vermittelbar. Das bedeutete zwar nicht, dass die Religion bei der Rechtfertigung von Kriegen keine Rolle mehr spielte, ihn indes im deutschen Sprachraum nur aus konfessionellen Gründen zu führen, war nicht mehr glaubhaft.

3 Fazit

Die Zeit von 1555 bis 1648 stellt eine Übergangszeit zwischen Reformation und beginnender Aufklärung dar. Das besondere Kennzeichen dieser Epoche ist, dass sich scheinbar Widersprechendes oft nebeneinanderstand (z. B. populare Religiosität, Hexenglaube, Endzeitglaube – Entwicklung eines effizienteren Staatswesens, eines aufgeklärten Bewusstseins, eines modernen naturwissenschaftlichen Denkens und eines verbesserten Kommunikationswesens), ohne dass der Widerspruch als solcher empfunden wurde. Viele Wege in eine neue Gesellschaft waren denkbar und wurden auch – in schmerzhaften Prozessen und mit Rückkopplungen – erprobt. Der Dreißigjährige Krieg war die Zuspitzung dieser Prozesse. Die böhmischen Stände suchten einen freiheitlichen Ständestaat zu erreichen, der Kaiser antwortete mit dem Versuch, den universalen Reichsgedanken nach mittelalterlichem Muster wieder aufleben zu lassen. Beides scheiterte. Als Ergebnis auf politischer Ebene gelang es, mit dem Westfälischen Frieden die offenen Probleme des Augsburger Religionsfriedens einer Lösung zuzuführen. Damit wird die epochale Klammer um den Zeitraum von 1555 bis 1648 auf politischer und konfessioneller Ebene verständlich und nachvollziehbar. Im gesellschaftlichen Bereich gibt es zwar in den 1630er Jahren erste manifeste Kritik an den Hexenverfolgungen, diese dauern aber noch über 1648 hinweg an. Auf wirtschaftlichem Gebiet zeigten sich in dieser Zeit Neuerungen, 1648 war aber keineswegs ein Einschnitt, sondern das Jahr läutete im Alten Reich lediglich eine Phase des mühsamen Wiederaufbaus ein. Bemerkenswert ist die Tatsache, dass die Zeit des Dreißigjährigen Krieges mit der Popularisierung des Zeitungswesens eine Phase der medialen Umwälzung einleitete. Diese Merkwürdigkeit überrascht dann umso weniger, wenn man begreift, dass der 1605 eingeführte Zeitungsdruck im Krieg auf eine aufgeheizte Öffentlichkeit stieß, in der jeder neue Informationen zum Kriegsverlauf zu ergattern versuchte, und gleichzeitig das Zeitungswesen zur politischen Instrumentalisierung genutzt werden konnte. Die epochale Klammer 1555 bis 1648 wird allerdings durch die grundlegenden medialen Entwicklungen klar gesprengt, da diese noch die nächsten Jahrhunderte prägten. Ein Bereich, der die epochale Klammer noch stärken könnte, ist eventuell der Bereich der Religiosität. In fast allen gesellschaftlichen Bereichen spielte sie eine wesentliche Rolle, selbst in der Entwicklung der Naturwissenschaften. In der popularen Religiosität sind in den Krisenzeiten vor und während des Krieges sogar noch Intensivierungen sichtbar. Statt von einem »konfessionellen« aber nun von einem »religiösen« Zeitalter zu sprechen, ist allerdings auch nicht treffend, da die Zeiten vor 1555 und nach 1648 auch als religiös zu bezeichnen sind. Dennoch zeigt dieser Befund, dass in einer Übergangszeit das ›Alte‹ eine eigentümliche Kraft behalten und sogar zu ›Neuem‹ inspirieren kann.

II Kontroversen

1 Konfessionalisierung

Die Konfessionsbildung als Vorgang steht seit mehr als fünf Jahrzehnten in der Diskussion. Besonders in den 1970er Jahren hat sie durch eine Ausweitung auf die Sozialgeschichte wesentlich an Fahrt gewonnen. In diesem Zusammenhang wurde der Vorgang der Ausbildung der Konfessionen in einen größeren Zusammenhang eingefügt. Die Rolle der Territorialherren bei der Konfessionsbildung ließ auf eine Verbindung zur Ausbildung eines modernen Staatswesens schließen. Die Territorialherren erkannten demnach die Möglichkeit, die die Ausbildung der Konfessionen für die eigene Herrschaft bot, und nutzten die Chance, die Bevölkerung im staatlichen und gleichzeitig jeweils konfessionell christlichen Sinn zu erziehen. Diese ›soziale Disziplinierung‹ sei ein Kernelement der Ausbildung des modernen Staates gewesen. Sie habe sich in der Ausbildung der Konfessionen besonders in der ›Sittenzucht‹ gezeigt. Die staatlich/kirchlichen Behörden hätten durch die Visitationen auf die Ausbildung einer gesitteten Lebensführung hingewirkt. Als gutes Beispiel wird hier die Ehegesetzgebung angeführt, die besonders von den protestantischen Konfessionen maßgeblich verändert wurde, indem Ehevorschriften z. B. in die Kirchenordnungen einflossen. Vertreter dieser Position haben folgende Aspekte im Zusammenwirken von Kirche und Staat festgehalten:

Die verschiedenen Glaubensgruppierungen entwickelten in der nachreformatorischen Epoche in Verbindung mit den jeweiligen Territorialherren Abgrenzungsmechanismen wie die Formulierung eines klaren Glaubensbekenntnisses, bildeten eigene Pfarrer, Lehrer und Beamte aus, verbreiteten die neuen Wertvorstellungen z. B. durch Schulen und setzten diese z. B.

durch Visitationen effektiv um, disziplinierten so ihre Anhänger, organisierten Propaganda und Zensur, entfernten Andersdenkende aus ihrer Mitte, gestalteten Unterscheidungsriten wie z. B. Gottesdienstformen und verfestigten diese Prozesse auch sprachlich (nach Reinhard 1983). Dieser gesellschaftliche »Fundamentalvorgang« (Schilling 1988, S. 6) der sogenannten ›Konfessionalisierung‹ sei parallel, wenngleich auch in unterschiedlichen Zeitabschnitten, in allen drei Konfessionen abgelaufen und habe dazu geführt, dass sich der moderne Staat in den Territorialstaaten entwickeln konnte. Hintergrund dieser Überlegungen sind Gedanken von Soziologen wie Max Weber oder Norbert Elias, die eine rationale Durchdringung der Welt und einen Prozess der Zivilisierung der Sitten in der Frühen Neuzeit annahmen. Daran anknüpfend hat der Historiker Gerhard Oestreich den Begriff ›Sozialdisziplinierung‹ eingeführt. Demnach unterwarf der neu entstehende Staat im Absolutismus Soldaten und Beamte einer strengen Disziplin. Dieser Prozess habe dann schrittweise zu einer Ausweitung auf alle Bereiche geführt, die der Staat kontrollieren wollte (Schule, Kirche, Gerichte), und dafür gesorgt, dass er die Untertanen in seinem Sinne erziehen konnte.

Vertreter der Konfessionalisierungsthese greifen den Gedanken Oestreichs auf, beziehen ihn allerdings auf das Verhältnis von Kirche und Staat auch schon in der Zeit nach der Reformation. Staat und Kirche haben demnach dieselben Ziele verfolgt: »Eine Gewalt lieh der anderen ihren Arm« (Zeeden 1970, S. 178). Und beide haben den ›Fundamentalvorgang‹ der Disziplinierung in die Wege geleitet. Kritik an dieser Erklärung kommt aus unterschiedlichen Richtungen:

1) Einige Historiker, die die Rolle des Staates und der Politik als wesentlich für den historischen Prozess ansehen, kritisieren, dass der Religion ein zu großer Raum in der Erklärung der Zeit zugewiesen werde. Vielmehr habe staatliches Handeln ein

Eigengewicht und sei nur bedingt durch die Religion angestoßen worden (z. B. Maximilian Lanzinner).

2) Einige Kirchenhistoriker, die in Deutschland weiterhin nach Konfessionen zugewiesene Lehrstühle an den Universitäten besetzen, bemängeln, dass die Bedeutung der Religion viel zu sehr als Instrument zur politischen Herrschaftsausweitung dargestellt werde. Religion sei als ein individueller Glaube viel mehr als nur ein Mittel. Zudem gebe es innerhalb der einzelnen Konfessionen keine Einheitlichkeit, sondern heterogene Vorstellungen existierten z. B. im Luthertum nebeneinander (z. B. Thomas Kaufmann und seine Untersuchung zu den Konflikten innerhalb des Luthertums).

3) Einige Historiker, die die Durchsetzung der jeweiligen Konfessionsbildungsprozesse in Gemeinden und Städten untersucht haben, kommen zu der Erkenntnis, dass diese Prozesse häufig von Gemeindemitgliedern angestoßen und vorangetrieben und nicht durch die territoriale Obrigkeit in Bewegung gesetzt wurden. Letztere habe sich häufig erst später diesem Prozess angeschlossen. »Das ›Volk‹ mußte an seiner Beherrschung aktiv mitwirken, damit diese Erfolg haben konnte« (H. R. Schmidt 1992, S. 100). Die Rolle des Staates werde daher durch die Vertreter der Konfessionalisierungsthese überschätzt.

4) Aus ähnlicher Richtung kommt eine andere Kritik, die die tatsächliche Durchdringung mit einem konfessionellen Bewusstsein in den einzelnen Regionen untersucht. Demnach sei eine Durchdringung der örtlichen Volkskultur mit einem konfessionellen Bewusstsein vor 1648 in vielen Gebieten noch gar nicht gegeben. Erst im 18. Jahrhundert sei dies deutlicher zu erkennen, als auch Alphabetisierungsprozesse in den Regionen stärker vorangetrieben wurden. Solche Positionen können eine Vielzahl von Einzeluntersuchungen für sich als Beleg hinzuziehen. Der wenig konfessionell geprägte katholische Söld-

ner Peter Hagendorf oder auch die überkonfessionelle Begeisterung für die Visionen der Christina Poniatowska in diesem Buch sind Beispiele dafür. Die Konfessionsbildung im 16. und 17. Jahrhundert sei demnach nur ein äußerer Anspruch gewesen, der keineswegs die Wirklichkeit des Großteils der Bevölkerung ausdrücke. Damit sei von einem gesellschaftlichen »Fundamentalvorgang«, wie ihn der Konfessionalisierungshistoriker Heinz Schilling nennt, nicht zu reden.

Wie soll man nun mit diesem Problem umgehen? Einige Historiker lehnen den Begriff der ›Konfessionalisierung‹ ab und verwenden andere Begriffe wie ›Konfessionsbildung‹, ›Katholische Reform‹ u.a. Andere benutzen den Begriff und berücksichtigen dabei aber die Kritik an dem Konzept, weil sie es anregend finden, um die vielfältigen Prozesse in dieser Zeit auf einen Begriff zu bringen. Nur die wenigsten halten an dem seit den 1970er Jahren proklamierten Anspruch, mit ›Konfessionalisierung‹ einen ›Fundamentalvorgang‹ zu beschreiben, fest.

2 Der Charakter des Dreißigjährigen Krieges

Lange Zeit galt der Dreißigjährige Krieg als ein ›Religionskrieg‹. Erst neuere Forschungen haben diese Einschätzung zumindest relativiert. In der Folgezeit bekam er andere Bezeichnungen: »Staatsbildungskrieg«, »Teutscher Krieg«, »Medienkrieg« oder »europäischer Krieg«. Die nähere Betrachtung der Bezeichnungen soll den Charakter des Krieges und die Einschätzung des Krieges in der Forschung offenlegen.

›Religionskrieg‹: Zweifelsohne gab es religiöse Anlässe, die den Krieg begünstigten und auch im Verlauf förderten. Sei es im Vorfeld das umstrittene Reformationsjubiläum, das Vorgehen des Kaisers gegen die böhmische Religionsfreiheit oder die gewaltige Zunahme der konfessionellen Publizistik nach dem

Restitutionsedikt und dem Eintritt des »Löwen von Mitternacht« Gustav II. Adolf in den Krieg ab 1630. Forscher, die die Konfessionalisierungsthese vertreten, betonen die enge Verbindung von Politik und Religion. Sie sehen die Kritik an der Bezeichnung ›Religionskrieg‹, dass nicht konfessionelle, sondern Machtinteressen die Kriegführenden motiviert hätten, als nicht tragfähig an. Religion und Politik seien derart eng miteinander verbunden gewesen, dass man hier nicht trennen könne. Diese Argumentation entkräftet einen Teil der Kritik, erklärt aber immer noch nicht, warum der sächsische Kurfürst als Lutheraner sowohl mit dem katholischen Kaiser als auch mit den lutherischen Schweden gemeinsame Sache machen konnte. Auch die Politik des katholischen Frankreichs ab 1635, von Bündnisbildung und Unterstützungen der antihabsburgischen, protestantischen Kräfte, macht die Bezeichnung ›Religionskrieg‹ für den ganzen Krieg unglaubwürdig (vgl. Burkhardt 1992). Man kann und ist hier so verfahren, dass man einzelne Phasen des Krieges als ›Religionskrieg‹ bezeichnet (z. B. die erste von 1618 bis 1623) und andere davon abgrenzt (z. B. die letzte Phase von 1635 bis 1648). Das vermag allerdings nicht alle Widersprüche dieser Bezeichnung zu erklären (z. B. das Verhalten des sächsischen Kurfürsten).

›Staatsbildungskrieg‹: Diese Widersprüche und einige andere Argumente haben Johannes Burkhardt dazu gebracht, eine andere Erklärungsweise für den »Krieg der Kriege«, wie er den Dreißigjährigen Krieg nennt, zu finden. Seine Argumentation entwickelt er aus der ungemeinen Kriegsverdichtung, die in der gesamten Frühen Neuzeit zu beobachten sei. Selten – so Burkhardt – gab es so viele Kriege mit so vielen Beteiligten und einer solchen Vehemenz in Europa wie in der Frühen Neuzeit, obgleich für alle Beteiligten doch der Friede als Norm galt, d. h. die Menschen nicht besonders gewalttätig oder kriegerisch gesinnt gewesen seien. Gleichzeitig stellt er fest, dass der moderne Staat, wie wir ihn seit dem 19. Jahrhundert kennen, noch gar nicht existierte. Burkhardt kommt zu dem Schluss, dass die Kriegsverdichtung und die ›unfertigen‹ Staaten in einem Zusammenhang stehen müssten. Die Kontrahenten befanden sich sozusagen in einem Übergangszustand und wussten noch nicht, wie sie sich im europäischen Mächtegefüge aufstellen sollten. Diese Unsicherheit führte aus verschiedenen Gründen in den Krieg. Niederländer und Böhmen suchten demnach Unabhängigkeit und die Anerkennung als souveräne Staaten, der Kaiser und die Spanier träumten (wieder) von der ›Universalmonarchie‹, deren Umsetzung ja spätestens seit 1556 und der Abdankung Karls V. als gescheitert galt. Die Franzosen wollten dies auf jeden Fall verhindern und kämpften für die eigene Größe, die sich in absoluter universeller Machtausübung nach innen und nach außen zeigen sollte. Der absolute Machtanspruch des französischen Königs deute sich hier schon an. Die Schweden schließlich seien von der Vorstellung getrieben worden, die Herrschaft der spätantiken Goten wieder zu neuem Leben zu erwecken. All diese verschiedenen Ansprüche mussten nach Burkhardt in dem langen Krieg erschöpfend ausgefochten werden und sprechen für die hohe Bedeutung dieser Ziele. Am Ende stand, wenigstens im Ansatz, die Lösung, dass die Staaten sich als ebenbürtig nebeneinander zu akzeptieren lernten. Dieser Lernprozess sei im Verlauf der Staatsbildung erfolgt, die sich in dieser Zeit immer weiter entwickelt habe. Daher sei der Krieg als »Staatsbildungskrieg« zu bezeichnen. Kritik an dieser Interpretation kommt aus zwei Lagern: Zum einen erscheinen die Einzelziele der werdenden Staaten einigen Historikern nicht angemessen beschrieben (z. B. wird Frankreichs universeller Machtanspruch angezweifelt). Zum anderen wird betont, dass damit dem unfertigen Staat eine zu große Rolle bei der Erklärung der Kriegsdauer zugewiesen werde.

›Medienkrieg‹: Diese Vorstellung kommt aus den Reihen der Historiker, die zeitgenössische Wahrnehmungen von Einzelpersonen auch auf Nichtregierungsebene hinzuziehen, um die Geschichte nicht nur als etwas darzustellen, das durch handlungsleitende Impulse von ›oben‹ gesteuert wird. Vielmehr kann Geschichte auch Veränderungen von ›unten‹ erfahren. Dabei greifen diese Historiker auch auf andere Quellengattungen als nur auf Selbstzeugnisse wie Tagebücher oder Briefe zurück und reichern diese gerade für den Dreißigjährigen Krieg mit Beispielen aus der zeitgenössischen Druck- und Bildpublizistik an. Vorbildlich hat dabei Hans Medick (in: Krusenstjern/Medick 2001) am Beispiel der Einnahme Magdeburgs 1631 gezeigt, dass die Bedeutungszuweisungen der Individuen stark durch die schon im Vorfeld der Einnahme geäußerten Erwartungen geprägt wurden. Magdeburg galt als Symbol, als Hüterin des Protestantismus. Die Einnahme deuteten Kaiserliche wie die protestantischen Gegner schnell als ein historisches Ereignis erster Güte, das als Lehrstück unterschiedlich genutzt wurde. 205 Flugschriften und 41 Flugblätter – nicht zu erwähnen die Zeitungsmeldungen zum Thema – machten die Einnahme zu einem europaweiten Medienereignis moderner Prägung. Der enorme Widerhall des Ereignisses ließ es für viele Menschen zum Paradebeispiel angeblich unbeschreiblicher Grausamkeit und der Gewalt des Krieges werden. Begünstigt wurde dieser Tatbestand dadurch, dass trotz der z. T. zusammenbrechenden Infrastruktur im Verlauf des Krieges die mediale Professionalisierung fortschritt. Die Zeitungsgründungen nahmen explosionsartig zu, das Korrespondentennetz wurde enger und die Nachrichtenproduktion stieg. Im Krieg wuchs die Nachfrage nach Nachrichten immer stärker an. Innerhalb einer Generation veränderte sich die frühneuzeitliche Gesellschaft maßgeblich (Wolfgang Behringer in: Krusenstjern/Medick 2001). Die durch öffentliche Medien begründete

›moderne‹ Öffentlichkeit begann sich durchzusetzen. In diesem Sinn ist der Dreißigjährige Krieg als Medienkrieg zu verstehen, da durch den Krieg die mediale Veränderung der Gesellschaft in die Wege geleitet wurde. Kritiker an dieser Sichtweise heben hervor, dass die Medien an sich keine Inhalte steuern, sondern dass die Interessen von Einzelpersonen dahinterstehen müssen. So habe z. B. erst die Instrumentalisierung der Einnahme Magdeburgs durch katholische oder protestantische Autoren eine Zuspitzung des Kriegsgeschehens bewirkt, nicht aber die Verbreitung der Nachricht der Einnahme an sich. Diesem Argument kann entgegengehalten werden, dass Medien nicht als selbständige Akteure gelten können, sondern erst durch die Intention des Autors und den Widerhall bei der Leserschaft mit Bedeutung aufgeladen werden. Ein weiterer Kritikpunkt betrifft das Ausmaß der ›medialen Revolution‹. Obrigkeitliche Kontrolle und Zensur sowie nichtprofessionelle Gestaltung der Nachrichten machen das Medienwesen der damaligen Zeit nicht vergleichbar mit dem einer ›modernen‹ Öffentlichkeit, wie sie erst in der Aufklärung entstand.

›Europäischer‹ oder ›Teutscher Krieg‹: Es ist nicht verwunderlich, dass in unserer Zeit, in der sich einige zu Beginn des 21. Jahrhunderts in einer medialen Revolution wähnen, der gegenwärtige Blickwinkel auch die Wahrnehmung der Vergangenheit verändert. Ein ähnlicher Einfluss der modernen Perspektive gilt mit genauso viel Recht für die Beschreibung des Krieges als eines ›europäischen Krieges‹ (Kampmann 2008). Die europäische Einigung schreitet voran, so dass die häufig eingenommene nationale Perspektive bei der Betrachtung der Vergangenheit auch neu überdacht werden muss. Das gilt vor allem in Anbetracht des Dreißigjährigen Krieges, der in allen Phasen durch seine europäischen Einflussfaktoren geprägt, wenn nicht gar bestimmt wurde. Christoph Kampmann gelingt dies durch eine beeindruckend detaillierte Geschichte der Verflechtung der europäischen Politik im Dreißigjährigen Krieg. Wie wichtig diese Herangehensweise ist, wird vor allem vor dem Hintergrund der im 19. und 20. Jahrhundert stark nationalen Auslegung des Krieges als eines »Teutschen Krieges« (so noch Barudio 1985) deutlich.

Das Muster der nationalen Deutung benutzten besonders im 19. Jahrhundert die politisch-konfessionellen Kontrahenten, die den Dreißigjährigen Krieg und den Friedensschluss von 1648 unter dem Gesichtspunkt der verzögerten Nationswerdung Deutschlands bewerteten. Die großdeutsch-katholische reichshistorische Geschichtsschreibung stand der kleindeutsch-protestantischen Historiographie gegenüber. Sah die erstere im Krieg vornehmlich einen Konflikt um die Reichsverfassung, die von der protestantischen Partei unterminiert worden war, so entwarfen die preußischen, kleindeutsch orientierten Historiker das Szenario einer Katastrophe, die von einer barbarisch agierenden Gegenreformation initiiert worden war.

Trotz vieler neuer historischer Bewertungen sind beide Deutungen des Krieges noch in der Gegenwart wirkmächtig. Fragt man nach den Gründen der Langlebigkeit solcher Geschichtsbilder, so stößt man unweigerlich auf die Bedeutung der Literatur. Besonders das Katastrophenszenario vermittelten Schriftsteller eindrucksvoll und öffentlichkeitswirksam. Hervorzuheben ist hier besonders Grimmelshausens *Simplicissimus*, der zeitweise fast wie eine unmittelbare Quelle gelesen und verstanden wurde. Der Barockautor Hans Jakob Christoffel von Grimmelshausen (1622–1676) erreichte mit seinen dichterisch überformten Darstellungen des Kriegsalltags besonders wegen seiner Rolle als Zeitgenosse bis ins 20. Jahrhundert hinein hohe Glaubwürdigkeit und Popularität. Seine Darstellungen im *Simplicissimus* ließen sich im 19. Jahrhundert problemlos in die Deutung des Krieges als nationaler Tiefpunkt und zivilisatorische Katastrophe einfügen – so z. B. bei Gustav Freytag in seinen *Bildern aus der deutschen Vergangenheit.* Diese nationalen Deutungsweisen sind in der geschichtswissenschaftlichen Forschung durch die Analyse der konfessionellen Lesarten des Krieges und durch die neueren Forschungen zum Alltag im Dreißigjährigen Krieg mittlerweile überwunden. In der Wahrnehmung des Krieges in der gegenwärtigen Geschichtskultur bleiben aber Reste davon immer noch vorhanden.

III Quellen

1

Bevölkerungsentwicklung in Deutschland (in den Grenzen von 1914), Österreich und der Schweiz (1500–1800)

Zeit	Deutschland		Österreich		Schweiz	
	B	WR	B	WR	B	WR
1500	9				0,6	
1520	10	5				
1530	10,8	7,2	1,5[1]			
1540	11,7	7,5				
1550	12,6	7,2				
1560	13,5	7,1				
1570	14,4	5,8				
1580	15	4,6				
1590	15,7	4,1				
1600	16,2	3,2	1,8	2,6	0,9	4,1
1618	17,1	3,2				
1650	10	−13,4				
1700	14,1	8–10	2,1	1,5	1,2	2,9
1750	17,5	4	2,7	5		
1800	22	4	3,1	2,8	1,7	3,5

B: geschätzte Bevölkerung in Millionen
WR: jährl. Wachstumsrate in Promille
1 1527

D: Christian Pfister: Bevölkerungsgeschichte und historische Demographie 1500–1800 (Enzyklopädie deutscher Geschichte. Bd. 28). München: Oldenbourg, 1994. S. 10. –

2
Augsburger Religionsfrieden (1555)

Der Augsburger Religionsfrieden auf dem Augsburger Reichstag regelte 1555 nach einer langen Zeit konfessioneller Bürgerkriege die Koexistenz von Katholiken und Lutheranern und sicherte so bis 1618 den Religionsfrieden im Reich.

§ 15. [...] so sollen die Kayserl. Maj., Wir, auch Churfürsten, Fürsten und Stände des H. Reichs keinen Stand des Reichs von wegen der Augspurgischen Confession und derselbigen Lehr, Religion und Glaubens halb mit der That gewaltiger Weiß überziehen, beschädigen, vergewaltigen oder in andere Wege wider sein Conscientz[1], Gewissen und Willen von dieser Augspurgischen Confessions-Religion, Glauben, Kirchengebräuchen, Ordnungen und Ceremonien, so sie aufgericht oder nochmals aufrichten möchten, in ihren Fürstenthumen, Landen und Herrschafften tringen oder durch Mandat oder in einiger anderer Gestalt beschweren oder verachten, sondern bey solcher Religion, Glauben, Kirchengebräuchen, Ordnungen und Ceremonien, auch ihren Haab, Gütern, liegend und fahrend, Land, Leuthen, Herrschafften, Obrigkeiten, Herrlichkeiten und Gerechtigkeiten ruhiglich und friedlich bleiben lassen, und soll die streitige Religion nicht anders dann durch Christliche, freundliche, friedliche Mittel und Wege zu einhelligem, Christlichem Verstand und Vergleichung gebracht werden [...].

[*In § 16 übernehmen die Stände Augsburgischer Konfession die gleiche Verpflichtung gegenüber den Katholiken.*]

§ 17. Doch sollen alle andere, so obgemelten[2] beeden Religio-

1 Überzeugung, Gewissen
2 obengenannten

nen nicht anhängig, in diesem Frieden nicht gemeynt, sondern gäntzlich ausgeschlossen seyn. [...]

§ 24. Wo aber Unsere, auch der Churfürsten, Fürsten und Stände Unterthanen der alten Religion oder Augspurgischen Confession anhängig, von solcher ihrer Religion wegen aus Unsern, auch der Churfürsten, Fürsten und Ständen des H. Reichs Landen, Fürstenthumen, Städten oder Flecken mit ihren Weib und Kindern an andere Orte ziehen und sich nieder thun wolten, denen soll solcher Ab- und Zuzug, auch Verkauffung ihrer Haab und Güter gegen zimlichen, billigen Abtrag der Leibeigenschafft und Nachsteuer, wie es jedes Orts von Alters anhero üblichen, herbracht und gehalten worden ist, unverhindert männiglichs[1] zugelassen und bewilligt, auch an ihren Ehren und Pflichten allerding unentgolten seyn. Doch soll den Oberkeiten an ihren Gerechtigkeiten und Herkommen der Leibeigenen halben, dieselbigen ledig zu zehlen oder nicht, hiedurch nichts abgebrochen oder benommen seyn. [...]

D: Arno Buschmann: Kaiser und Reich. Verfassungsgeschichte des Heiligen Römischen Reiches Deutscher Nation vom Beginn des 12. Jahrhunderts bis zum Jahre 1806 in Dokumenten. Teil I: Vom Wormser Konkordat 1122 bis zum Augsburger Reichsabschied von 1555. 2., ergänzte Auflage. Baden-Baden: Nomos, 1994. S. 224–228.

1 vielfach

3
Die pfälzische Schulordnung von 1556

Die pfälzische Schulordnung von 1556 zeigt, wie die obrigkeitliche Durchdringung der Gesellschaft vonstattengehen sollte: In den Territorien wurden die Schulen mit Schulordnungen versehen und das treue, sozialdisziplinierende Verhalten der Lehrer vorgeschrieben.

Schulordnung, wie dieselbige in des durchleuchtigisten, hochgebornen fürsten und herrn, hern Ottheinrichs, pfaltzgraven bey Rhein, des heiligen römischen reichs ertzdruchsessen und churfürsten, hertzogen in Nidern- und Oberbayrn etc., chur- und fürstenthumben gehalten werden soll (1556).

Von den lateinischen schulen

Es ist bey menigklich rechts, gesundts verstands bekentlich[1], das die schulen nicht allein zur leer der guten, nutzlichen künsten, sonder auch zu erhaltung der nötigen ämbter in kirchen, in regimenten und im haußhalten dienstlich, nutzlich und nötig sind.

Und wiewol die elementa[2], so man den jungen kindern in der schul fürgibt, für eitel kinderwerck geacht werden möchten, so kan doch niemandt zu den rechten, hohen, notdürftigen und nutzlichen künsten one der kinder elementa kommen. Und so das fundament nicht recht gelegt, mag nimmer kein gut gebeu[3] daraufgesetzt werden. Hierauf erfordert die not, das

1 Lies: »Es ist bei vielen, die einen rechten gesunden Verstand besitzen, bekannt«.

2 Grundwissen

3 Gebäude

die kinderschul mit erbarn, gelerten gottförchtigen und fleissigen schulmeistern bestellt werden. Und darnach, so ein schulmeister berufen oder seinen dienst selbst anbeut[1], soll er vorhin seins wesens und lebens gute kundtschaft haben. Darauf soll er von den verordneten examiniert werden, ob er zu dem ambt tauglich und sonderlich, ob er ein guter grammaticus sey.

So er nun zu der administration der schul tauglich erkhennt, sollen ime volgende artickel fürgehalten werden:

I. Das er die schul, so ime befolhen, nach der fürgeschribnen schulordnung (die auch ime alßbald übergeben oder ime abzuschreiben zugestelt werden soll) mit allem fleiß anrichten und administriern wöll.

II. Und so darin die gelegenheit der jungen etwas endrung erfordert, soll er dasselb nicht anderst dann mit rath des superattendenten[2] desselben orts fürnemen und hierin allein der jungen nutz und fürderung der leer bedencken und ansehen.

III. Das er mit den schulern, so etwas erwachsen, latein rede und sie auch latein zu reden gewene.

IIII. Das er mit einem züchtigen, erbarn und nüchtern leben den schulern ein gut exempel fürtrage.

V. Das er die jungen, so ires unfleiß oder boßheit halben streflich befunden, nicht aus zorn, mit poldern, sonder gebürlich mit worten oder ruten strafe.

VI. Das er in der kirchen kein ander gesang oder psalm singe, dann wie im von dem superattendenten oder pfarrer befolhen wirdt.

VII. Das er sein treu gebe an eines eids stadt, dem durchleuchtigisten etc. herrn Ottheynrichen, pfaltzgraven etc. als ein getreuer underthan gehorsam zu sein und seiner churf[ürstlichen] g[naden], auch den lands nutz mit allem fleiß zu

1 anbietet

2 Höherer Kirchenbeamter, vgl. Quelle 4

fürdern und schadens seins vermögens wenden und verhüten wölle.

VIII. Und so sich zur zeit seines ambts und inwonung[1] ein irrung mit ime und einem oder mehr, meins gnedigsten churfürsten und herrn underthan oder hindersaß, zutrüge, das er darin bey meinem gnedigsten churfürsten und herrn oder ire churf[ürstlicher] g[naden] gerichtszwang recht geben und nemen wölle etc. [...]

D: Bernd Roeck (Hrsg.): Deutsche Geschichte in Quellen und Darstellung. Bd. 4: Gegenreformation und Dreißigjähriger Krieg 1555–1648. Stuttgart: Reclam, 1996. S. 40 f.

4
Lutherische Kirchenverfassung Kursachsens (1580)

Schaubild siehe Folgeseite.

Nach: Heinrich Richard Schmidt: Konfessionalisierung im 16. Jahrhundert. München: Oldenbourg, 1992. S. 17.

1 Ausübung

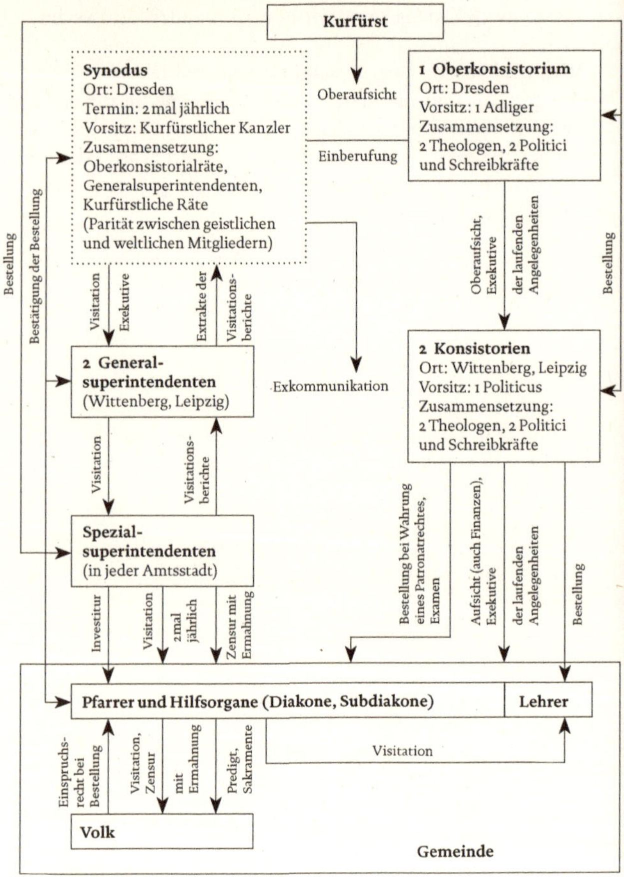

Lutherische Kirchenverfassung Kursachsens 1580

5
Johannes Kepler, Widmungsvorrede zu den ersten drei Büchern des *Grundrisses der Kopernikanischen Astronomie* (*Epitome Astronomiae Copernicae*, 1617)

Kepler tritt hier deutlich für das kopernikanische Weltbild ein und formuliert auch seine Auffassung, wie wissenschaftlich zu arbeiten sei.

Die so vortreffliche Hypothese des Kopernikus ist nach dem Urteil aller modernen Astronomen durchaus wert, daß man sie durcharbeitet und in allen ihren Teilen dem Verständnis leichter zugänglich macht. Mögen sich andere zu ihr stellen, wie sie wollen, ich erachte es ihr gegenüber als meine Pflicht und Aufgabe, sie, die ich in meinem Innern als wahr anerkannt habe und deren Schönheit mich beim Betrachten mit unglaublichem Entzücken erfüllt, auch nach außen hin bei den Lesern mit allen Kräften meines Geistes zu verteidigen. Nun gibt es aber Leute, die befürchten, bei Annahme der täglichen Bewegung der Erde könne die Sphärik[1] nicht dargestellt werden, ja sie werde völlig umgestoßen, da wir behaupten, die Erde, nicht die Himmelssphäre bewege sich; wozu, so fragen sie, braucht man dann eine Sphäre, wozu ist dann eine solche nutz? Außerdem kann man dem Scheine nach viele Einwände erheben, auf die nicht durchweg ordentliche Lösungen vorhanden sind. Daher hielt ich es für meine Aufgabe, all dies in dieser Epitome[2] ins reine zu bringen (was bisher noch niemals geschehen ist).

Wenn mich jemand darob[3] der Neuerungssucht zeihen woll-

1 Lehre von der Schicht des kugelig die Erde umgebenden Himmelsgewölbes
2 Werk
3 deswegen

te, so möge er wissen, daß es in der Philosophie einen solchen Vorwurf nicht gibt; die ganze Philosophie ist ja eine Neuerung hinsichtlich der alten Unwissenheit. Nur darum handelt es sich, ob man aus Ruhmsucht oder Wahrheitsliebe etwas Neues aufbringt. Wenn ich nun aber nach Ruhm trachten würde, so würde mir wohl das Talent, etwas Besonderes ausfindig zu machen, nicht fehlen. Bei der Philosophie jedoch, die ich vertrete, stammt das meiste von anderen; freilich ist dies nicht sklavisch dargestellt, sondern mit Überlegung aus verschiedenen Autoren zusammengestellt, so daß man erkennt, wie ein jeder teilweise die Wahrheit für sich hat. Denn es ist mir lieb, es mit vielen zu halten, so oft die Menge nicht irrt. Daher gebe ich mir Mühe, das, was in einer Sache steckt, recht vielen einzureden, und ich empfinde eine große Freude, wenn ich zur Partei der Vielen halten kann. Wie indessen ein guter Fürst zwar vor allem den Frieden wünscht, wenn er diesen aber nicht haben kann, den Sieg, so stärkt auch mich bei den Widerwärtigkeiten, die sich aus den Abweichungen von den Anschauungen der Menge ergeben, der Gedanke, daß meistens durch das lang anhaltende Gewölk der Volksmeinungen schließlich das hellstrahlende Licht der Wahrheit durchbricht und immer, wenn ich auf seiten der Wahrheit kämpfe, zuletzt der Sieg mir gehört. Dieser wäre kein Sieg, wenn nicht zuvor lange Zeit mit Mühe und Gefahr hätte gekämpft werden müssen. So hat auch die Wahrheit erfaßt und besiegt jenen Bannerträger der alten Astronomie, den Professor, den Rom aus unserem Deutschland entlehnt hat, Christoph Clavius. Als er, bereits dem Tode nahe, die Wandelsterne um den Jupiter, die Galilei entdeckt hatte, die Sichelgestalt der Venus und andere neue Erscheinungen gesehen hatte, da forderte er die Astronomen auf zuzusehen, wie die himmlischen Sphären anzuordnen seien, damit diese Erscheinungen gerettet werden könnten, womit er nahelegen wollte, daß es um die alten Hypothesen geschehen sei.

Da ich nun also durch die Gunst Sr. Kais. Maj. und Euer Entgegenkommen zum Priester Gottes des Schöpfers am Buch der Natur gesetzt worden bin, so habe ich diesen Hymnus für Gott den Schöpfer verfaßt. Er stellt zwar eine neue Art der Dichtung dar, ist aber auf die uralte und doch neue Leier der samischen Philosophie[1] gestimmt. [...]

D: Bernd Roeck (Hrsg.): Deutsche Geschichte in Quellen und Darstellung. Bd. 4: Gegenreformation und Dreißigjähriger Krieg 1555–1648. Stuttgart: Reclam, 1996. S. 187–190.

6
Aus dem *Zeytregister* des Hans Heberle

Das Zeytregister *des protestantischen schwäbischen Schusters und Bauers Hans Heberle (1597–1677) aus dem Dorf Neenstetten bei Ulm ist eine Chronik, die die Wahrnehmung des Krieges detailliert beschreibt. Anlass für die Aufzeichnungen ist der Komet, der 1618 erschien und dem, wie vielen Naturerscheinungen bei Heberle, hohe Bedeutung beigemessen wurde.*

Anno 1618 ist ein grosser comet erschine in gestalt einer grossen und schröckhlichen rutten, welcher unß von und durch Gott hefftig tröwet, von wegen unsers sindtlichen lebens, die wir vüllfaltig verdient und noch teglich verdienen; der selbig ist gesehen worden vom herpste an biß in der frieling. Was er bedeüt, was auch darauff volgen wirdt, das selbig ist mit heyßen trenen zu beweinen, wie wir leider das selbig woll erfahren und erfahren haben, anno 20 büß anno 30, welches nit

1 Philosophie des altgriechischen Philosophen und Mathematikers Pythagoras

gnugsam zu beschreiben ist, wie solches diß büechlin fleißig außweißet. […]

Anno 1619 ist Ferdinandus der 2d zum römischen keyser worden, under welchem ein grosse verfolgung entstanden, durch krieg, auffruohr und vergiessung vüll christenblutt, wie solches die exempel gnug außweisen. Erstlich hatt er ein grossen krieg angefangen in Böhma, welches er zwungen und erlegt under sein relicon, hernach in volget jaren Braunschweiger landt, Meckhelburger landt, Leineberger land, Frießland, Brandenburger land, Pommerland, Gottland, Ostereich, Mehren, Lendlin ob der Entz[1], Schleßing[2], die Chur Heidelberg, ja, fast das ganze Teüschland, welche ich nit ale kan erzellen und beschreiben. […]

In der erndte, da man geschniten hat, so sindt vüll blutstropfen uff denen halmen gefunden worden, ja, die helm sindt ganz blutig geweßen, welche leider den blutigen krieg bedeütet haben. […]

Es sind auch in disem sommer umb Tübingen und Schorndorff im Wirtenberger landt, umb Jacobitag, feürigen kuglin vom himel gefallen. An einem sontag 3 mall, am morgen, mittag und abendt. Darvon ist ein öffentlicher truckh außgangen, welchen ich selbst geleßen haben. […]

Den 25 tag Augusti [1628], nachmittag zwischen eins und zwey uhr, hatt mir mein liebe haußfraw in dise welt geboren mein tochter Cathriena, ihr erstes kind, und an dem selbig tag noch getaufft in der vesperpredig am samstag. Ist den tag der sonne auffgang gewessen morgens umb 5 uhr 22 minuten, im zeichen des skorpions ist der tag gewessen, darin der mon geloffen. […]

Den 2 tag Aprielis [1635] ist mir mein hertzallerliebster vatter

1 Land ob der Enns (Oberösterreich)

2 Schlesien

selig auß diesem jamerthal selliglich in dem Herren entschlaffen, seines alters im 67 jars und 8 wochen 3 tag, morgens zwischen 7 und 8 uhren. Gott dem allmechtigen sey dem für diß gnadenwerckh lob, ehr, preiß und danckh, daß er in in diser grossen gefahr und so vüll räuber und mörder so veterlich und gnediglich behitet hatt, das er eines rechten nathürlichen todt gestorben ist in diser grossen beschwerlichen zeit, da vil taußend menschen sindt erschossen und erschlagen worden. [...]

Nota: Es ist aber dise zeit keinem menschen auff dem landt kein leichtpredig gehalten worden, von wegen des grossen kriegs halber. Dan es ist kein pfarrer auf dem land gewessen, vast ein gantzes jar. Ist aber ein bauren mensch in der stat Ulm gestorben, so ist im auch kein leichtpredig gehalten worden, von wegen deß grossen unkostens halber, das der gemeine man nicht vermecht hat. Nachmals ist auch von einem erbaren rath der stat Ulm auch außgangen, das welcher an der pestelentz gestorben, dem selbigen soll auch kein leichtpredig gehalten werden, es sey in der stat oder uff dem landt, er sey reich oder arm, dan die pest in disem jar hefftig graßiert. [...]

D: Bernd Roeck (Hrsg.): Deutsche Geschichte in Quellen und Darstellung. Bd. 4: Gegenreformation und Dreißigjähriger Krieg 1555–1648. Stuttgart: Reclam, 1996. S. 307–315.

7
Flugblatt zur Wahl und Krönung Kurfürst Friedrichs V. von der Pfalz zum böhmischen König (1619)

Das Flugblatt gibt die protestantischen Hoffnungen, die sich mit der Wahl verbanden, wieder: Die Löwen symbolisieren die Stärke der Unterstützer Friedrichs und seiner Frau Elisabeth Stuart, der einzigen Tochter des englischen Königs. Diese Hoffnung hat end-

zeitlichen Charakter: Der protestantischen Einigkeit, die mit Luther in der Mitte links zwischen den drei Theologen existieren soll, steht der Untergang der katholischen Seite (symbolisiert u. a. durch einen fliehenden Jesuiten und einen fliehenden Bischof) durch himmlische Kämpfer auf der rechten Bildseite gegenüber.

D: Wolfgang Harms (Hrsg.): Deutsche illustrierte Flugblätter des 16. und 17. Jahrhunderts. Kommentierte Ausgabe. Bd. 2. München: Kraus International Publications, 1980. S. 269 (Nr. II 152).

8
Das Restitutionsedikt (1629)

Kaiser Ferdinand II. (1619–1637) erließ am 6. März 1629 das Restitutionsedikt und überging mit diesem Reichsgesetz zum ersten Mal seit 100 Jahren die Kurfürsten, die er nicht um Zustimmung gebeten hatte. Ferdinand fühlte sich nach den militärischen Erfolgen 1620–1628 auf dem Höhepunkt seiner Macht. Das Edikt legte die umstrittenen Aspekte des Augsburger Religionsfriedens, den sogenannten ›Geistlichen Vorbehalt‹ und die ›Declaratio Ferdinandea‹, klar im katholischen Sinn aus. Im Fall der Umsetzung dieses Edikts hätten mehrere hundert Klöster, die die Protestanten seit 1552 verweltlicht hatten, und viele Fürstbistümer wieder in katholische Hände zurückgehen müssen. Gegner der Habsburger, auch katholische Fürsten, sahen in diesem als eigenmächtig wahrgenommenen Edikt eine unzulässige Machtanmaßung des Kaisers. Im Westfälischen Frieden von 1648 wurden die Bestimmungen des Edikts bewusst nicht umgesetzt, um die Koexistenz der Konfessionen zu gewährleisten. Besonders heikel waren die Bestimmungen zum ›Geistlichen Vorbehalt‹, welcher besagt, dass ein geistlicher Reichsfürst in dem Moment das Anrecht auf Land und Herrschaft verliert, in dem er zum Protestantismus übertritt. Die Protestanten hatten gegen diesen Vorbehalt in den Jahrzehnten davor ständig protestiert.

Wir Ferdinand der Ander[1], von Gottes Gnaden Erwöhlter Römischer Kayser, […] entbieten allen und jeden Churfürsten, Fürsten [etc.] und sonst allen andern, Unsern und des Reichs Unterthanen und Getreu, in was Würden, Stand oder Wesen die seynd, Unser Freundschaft, Gnad, und alles Guts: Und setzen außer Zweifel, […] männiglich[2] werde mehr dann zu viel wissend und bekand seyn, in was schädliche Mißhelligkeit und Zerrüttung Unser geliebtes Vatterland Teutscher Nation nun eine lange Zeit hero geschwebt. […]

Nicht weniger ist nunmehr Reichskundig, daß [sich] etliche Protestirende Stände gegen den ausdrücklichen Buchstaben des Religionsfriedens […] unterstanden, nicht allein nach dem sie von der Catholischen Religion abgetreten, ihre Bistumber, Prälaturn und Präbenden zu behalten, sondern auch diejenige, welche damit nicht versehen gewesen, nach solchen Bistumben und Prälaturn zu trachten, unter diesem vorgegebenen Schein und Vorwand, gleichsam dieser Paragraphus, welcher Ihnen allzu hell in die Augen geschienen, kein Teil des Religion-Friedens sei, darin sie auch niemahln verwilligt, sondern vielmehr dargegen zum öftern protestirt. Dahero wir dann was es mit solchem Paragrapho, den man in gemein den Geistlichen Vorbehalt zu nennen pflegt, für eine eigentliche Beschaffenheit habe, und wie solcher in den Religionfrieden kommen (Ob uns zwar der Buchstab des Religionfriedens gnugsam sein sollen:) Uns aus den Reichs Acten fleißig informirn lassen, aus welchen wir dann befinden, so viel die angezogene Contradiction und Nicht Einwilligung der Protestirenden anlangt, daß gleichwol der so oft gemeldte[3] Religionfrieden in seinem Inhalt ein anders und dieses mit sich bringt, daß derselb mit der

1 der zweite
2 jedermann
3 erwähnte

sämptlichen Churfürsten und Stände beider Teil Religionen Rat und gutem Willen gemacht und beschlossen, auch also vollzogen, und dabei mit Eid beteurlichen Worten von allen Ständen zugesagt und versprochen worden, daß er in allen und jeden seinen Puncten, Clausuln, und Articuln, stätt, fest, unverbrüchlich gehalten und demselben im geringsten nicht zuwider noch entgegen gelebt werden solle. Wir und unsere Vorfahren sein auch in Unserer Wahl und Krönungs Capitulation[1] auf solchen Religionfrieden und desselben Inhalt und Begriff ohn einige Ausnahm und Vorbehalt gewiesen worden, zu welchem uns des Heiligen Reichs Churfürsten nicht also ohne Vorbehalt und Unterschied verbunden haben würden, da in solchem Religionfrieden ichtwas[2] zu befinden, zu dessen Haltung wir nicht obligirt[3] sein sollen. […]

D: Bernd Roeck (Hrsg.): Deutsche Geschichte in Quellen und Darstellung. Bd. 4: Gegenreformation und Dreißigjähriger Krieg 1555–1648. Stuttgart: Reclam, 1996. S. 268, 270 f.

9
Flugblatt »Schwedische Rettung der Christlichen Kirchen« (1631)

Das Flugblatt »Schwedische Rettung der Christlichen Kirchen« (1631) stellt dar, wie der Löwe Gustav Adolf von seinem Schiff an Land springt, um der Papsthydra die Köpfe abzuschlagen und das von ihr bewachte allegorische evangelische Kirchengebäude

1 Einseitige vertragliche Verpflichtung des Kaisers, die seine Rechte begrenzt (zuerst 1519 bei der Wahl Karls V. eingegangen)
2 etwas
3 verpflichtet

Schwedische Rettung der Christlichen Kirchen. Anno 1631.

(Ecclesia) *zu befreien. Der protestantische Künstler nimmt zu Füßen des Ungeheuers auch auf die Einnahme protestantischer Städte und Regionen Bezug (z. B. Magdeburg, Mähren, Pfalz). Gerade der protestantischen Partei und den vertriebenen Evangelischen sollte dieses Flugblatt mit seinen endzeitlichen Symbolen (Löwe, päpstliches Untier) Siegeshoffnung geben. Daher auch die Aufschrift auf dem Segel* In hoc signo vince *(»In diesem Zeichen siege«), mit dem angeblich einst auch der Unterstützer der frühen Christen, der römische Kaiser Konstantin der Große, den Sieg gegen seinen Widersacher Maxentius in der Schlacht an der Milvischen Brücke im Jahr 312 n. Chr. davongetragen hatte. Historische, biblische und apokalyptische Zeichen wurden hier nebeneinandergestellt, um die hoffnungsvolle Aussage zu verdichten.*

D: Wolfgang Harms (Hrsg.): Deutsche illustrierte Flugblätter des 16. und 17. Jahrhunderts. Kommentierte Ausgabe. Bd. II. München: Kraus International Publications, 1980. S. 383 (Nr. II 218).

10
Augenzeugenbericht der Zerstörung Magdeburgs (1631) aus der Stadtchronik Otto von Guerickes

Der Magdeburger Ratsherr und spätere Bürgermeister Otto von Guericke (1602–1686) erlangte durch seine Naturforschungen mit dem Vakuum und durch seine Erfindung der Luftpumpe Bekanntheit. Die Zerstörung Magdeburgs, die Guericke miterlebte, wurde in der zeitgenössischen Publizistik z. B. in fast 250 Flugschriften weit verbreitet. Von protestantischer Seite wurde sie als Musterbeispiel für die kaiserliche Härte und Grausamkeit ins Feld geführt.

Als nun gedachter maßen durch den General Pappenheim[1] eine ziemliche Anzahl Volkes auf den Wall bei der Reustadt und da herum in die Gassen der Stadt gebracht, auch der von Falckenberg[2] erschossen und das Feuer an allen Enden eingelegt worden, da ist es mit der Stadt geschehen und alle Resistenz[3] zu spät und vergebens gewesen. Denn ob sich gleich von Bürgern und Soldaten an etlichen Orten etwas wieder gesetzt und zur Wehr gestellt, haben doch die Kaiserlichen indessen immer mehr und mehr Volkes, auch Reiterei genug – weil der Graben auf der Spitze dieses Bollwerks noch nicht ausgearbeitet und der neue Wall sehr flach, also daß sie auch darüber in die Stadt reiten können – zu Hilfe gekriegt, endlich das Kröckenthor eröffnet und also die ganze Armee der kaiserlichen und katholischen Liga von Hungarn, Croaten, Polacken, Heyducken, Italianern, Hispaniarden, Franzosen, Wallonen, Nieder- und Oberdeutschen etc. hier eingelassen. Da ist es geschehen, daß die Stadt mit allen ihren Einwohnern in die Hände und Gewaltsamkeit ihrer Feinde gerathen – die denn alle heftig und grausam, theils aus gemeinem Haß gegen die augsburgischen Confessions-Verwandten, theils daß man mit Drathkugeln geschossen und sonst etwa von den Wällen, wie es zu gehen pflegt, geschmählet[4], erzürnt und erbittert gewesen. – Da ist nichts als Morden, Brennen, Plündern, Peinigen, Prügeln gewesen. Insonderheit hat ein Jeder von den Feinden nach vieler und großer Beute gefraget. Wenn dann eine solche Partei in ein Haus gekommen, und der Herr etwas zu geben vermocht

1 Gottfried Heinrich von Pappenheim (1594–1632), kaiserlicher Heerführer
2 Dietrich von Falkenberg (gest. 1631), schwedischer Kommandeur in Magdeburg
3 Widerstand
4 geschmäht

gehabt, hat er sich und die Seinigen so lang salviren[1] und erhalten können, bis eine andere, die auch was haben wollen, wieder angekommen. Endlich aber, wenn es alles hingegeben und nichts mehr vorhanden gewesen, alsdann ist die Noth erst angegangen. Da haben sie angefangen zu prügeln, ängstigen, gedrohet zu erschießen, spießen, henken etc., daß, wenn's gleich unter die Erde vergraben oder in tausend Schlössern verschlossen gewesen, die Leute dennoch hervorsuchen und herausgeben müssen. Unter welcher währenden Wütherei dann, und da diese so herrliche, große Stadt, die gleichsam eine Fürstinn im ganzen Lande war, in voller brennender Gluth und solchem großen Jammer und unaussprechlicher Noth und Herzeleid gestanden, sind mit gräulichem ängstlichen Mord- und Zetergeschrei viel tausend unschuldige Menschen, Weiber und Kinder kläglich ermordet und auf vielerhand Weise erbärmlich hingerichtet worden, also daß es mit Worten nicht genugsam kann beschrieben und mit Thränen beweint werden.

Es hat aber diese trübselige Zeit nicht viel über zwei Stunden lang in der Stadt gewähret, indem durch den unversehens zustoßenden Wind das Feuer – so zwar anfangs der Graf von Pappenheim, den Bürgern und Einwohnern zur Perturbation[2] und Schrecken einzulegen solle befohlen, nachmals aber die gemeine Soldatesque hierin keine Discretion und Aufhören gewußt haben – dergestalt überhand genommen, daß um 10 Uhr Vormittags alles im Feuer gestanden, und um 10 Uhr gegen die Nacht die ganze Stadt, zusammt dem schönen Rathhause und allen Kirchen und Klöstern, völlig in der Aschen und Steinhaufen gelegen. Daher denn das kaiserliche Kriegesvolk, wenn es nicht selbst verbrennen wollen, wiederum aus der Stadt entweichen und sich in ihre Feldlager retiriren müssen.

1 retten
2 Verwirrung

Also hat man diese weitberühmte, vornehme Stadt und Zierde des ganzen Landes in einem Tage in Feuer und Rauch aufgehen und ihre übrig gebliebenen Einwohner mit Weib und Kindern gefangen vor dem Feinde hintreiben gesehen, daß das Geschrei, Weinen und Heulen gar weit ist gehört und die Lohe und Asche von der Stadt bis in Wanzleben, Egeln und weitere Orte durch den Wind verführet worden. [...]

Mit den Weibern, Jungfrauen, Töchtern und Mägden aber die keine Männer, Eltern oder Verwandten gehabt, so ihrenthalber Ranzion erlegen, noch bei hohen Officieren Hilfe oder Rath suchen können, ist es mit vielen fast übel abgelaufen, sind theils genothzüchtigt und geschändet, theils zu Concubinen behalten worden. [...]

Belangend die Anzahl der Erschlagenen und Umgekommenen in der Stadt, weil nicht allein das Schwert, sondern auch das Feuer viel Menschen aufgefressen, kann man dieselbe nicht eigentlich wissen [...], es auf 20 000 Menschen, klein und groß, gewesen, die bei solchem grausamen Zustande ihr Leben enden oder sonst am Leibe Schaden leiden müssen. Die abgestorbenen Leichname, so vor das Wasserthor hinaus in die Elbe geführt worden, haben, weil an dem Orte alle Wege ein Kräusel oder Wirbel ist, nicht bald hinwegfließen können oder wollen, also daß viele da lange herumgeschwommen, die theils die Köpfe aus dem Wasser gehabt, theils die Hände gleichsam gen Himmel gereckt und dem Anschauer ein fast grausam Spectakel gegeben haben, davon denn viel Geschwätzes gemacht worden, gleich als hätten solche todte Leute noch gebetet, gesungen und zu Gott um Rache geschrieen, wie denn ebenermaßen man von vielen Gesichtern, Gespenstern und dergleichen Dingen zwar sagen, aber von Niemand im Grunde der Wahrheit bejahet werden wollen.

D: Bernd Roeck (Hrsg.): Deutsche Geschichte in Quellen und Darstellung. Bd. 4: Gegenreformation und Dreißigjähriger Krieg 1555–1648. Stuttgart: Reclam, 1996. S. 298–301.

11

Aus dem Tagebuch des Söldners Peter Hagendorf

Bei dem Text des Söldners Peter Hagendorf, der seine Erlebnisse, Beobachtungen und Gedanken zwischen 1625 und 1649 wiedergibt, handelt es sich um ein in seiner Art seltenes Selbstzeugnis aus der Zeit des Dreißigjährigen Krieges. 1648 begann der wahrscheinlich aus der Region Magdeburg oder dem Rheinland stammende Sohn eines Müllers auf der Basis seiner Aufzeichnungen eine Autobiographie, wahrscheinlich um seine Erlebnisse seinen Nachkommen zu vermitteln. Der Söldner war zweimal verheiratet, 1627–1633 und 1635–1649. Von seinen insgesamt neun Kindern überlebten zwei. Der katholische Söldner diente ab 1627 in der kaiserlichen Armee, wechselte 1633 zwischenzeitlich zur schwedischen, bevor er 1634 wieder zur kaiserlichen Armee zurückkehrte. Der Ausschnitt setzt im Jahr 1627 ein, als der Söldner in den Dreißigjährigen Krieg als Handelnder eintrat.

In diesem Jahr 1627 im April den 3. habe ich mich unter das Pappenheimsche Regiment[1] zu Ulm lassen anwerben als einen Gefreiten, denn ich bin ganz abgerissen gewesen. Von da aus sind wir auf den Musterplatz gezogen, in die Obermarkgrafschaft Baden. Dort in Quartier gelegen, gefressen und gesoffen, daß es gut heißt.

1 Gottfried Graf von Pappenheim (1594–1632), kaiserlicher Heerführer

Acht Tage nach Pfingsten, auf die heilige Dreifaltigkeit, habe ich mich mit der ehrentugendsamen Anna Stadlerin von Traunstein aus dem Bayernland verheiratet und Hochzeit gehalten.

Auf den Tag Sankt Johannes sind unsere Fähnlein an die Stange geschlagen worden[1], zu Rheinbischofsheim. Hier sind wir mit dem ganzen Regiment auf Schiffe gegangen und gefahren bis nach Oppenheim, da sind wir ausgestiegen. Unterwegs aber ist ein Schiff aufgefahren, daß es in Stücke gegangen ist, so sind etliche ersoffen.

Von Oppenheim nach Frankfurt, durch die Wetterau und Westfalen durch und nach Wolfenbüttel im Braunschweiger Land. Das haben wir belagert und Schanzen davor gebaut und der Stadt heftig zu gesetzt mit Wasserstauen[2] und Bauen, so daß sie sich haben müssen ergeben. Hier ist mir mein Weib krank gewesen die ganze Belagerung, denn wir sind 18 Wochen davor gelegen. Am Heiligen Christabend sind sie abgezogen im Jahr 1627, aber meistenteils haben sie sich lassen anwerben.

Da sind an die 200 Mann aus der Altmark gekommen, um die Kranken und Verwundeten zu fahren. Da habe ich mein Weib auch aufgesetzt. Da sind wir in die Altmark gezogen. Unser Hauptquartier ist gewesen zu Gardelegen. Unser Hauptmann Hans Heinrich Kelman ist mit seiner Kompanie gelegen zu Salzwedel.

Hier bin ich krank geworden und das Weib wieder gesund. Bin gelegen 3 Wochen. 4 Wochen nach meiner Krankheit hat

1 Das Befestigen und Aufrichten der Fahne einer Kompanie markierte die Bildung eines neuen Fähnleins und/oder den Beginn des Abmarsches ins Feld.

2 Durch den Dammbau ließ Pappenheim Straßen und Plätze der Stadt unter Wasser setzen.

man uns kommandiert nach Stade, unterhalb von Hamburg. So bin ich mit kommandiert worden.

Damals ist mein Weib niedergekommen, aber das Kind ist noch nicht geburtsreif gewesen sondern alsbald gestorben. Gott gebe ihm eine fröhliche Auferstehung.

+1. Ist ein junger Sohn gewesen.

Vor Stade sind wir gelegen. Am Karfreitag haben wir Brot und Fleisch genug gehabt, und am heiligen Ostertag haben wir kein Mund voll Brot haben können. Wie sie nun abgezogen sind im Jahr 1628 sind wir wieder in unserem Quartier stillgelegen den Sommer.

Danach sind wir mit unserer Kompanie nach Stendal gezogen, auch gutes Quartier gehabt. Im Jahr 1629 hat Oberstleutnant Gonzaga[1], Fürst von Mantua, 2000 Mann genommen von dem Regiment, denn das Regiment ist 3500 Mann stark gewesen, und ist nach Pommern gezogen, und haben uns gelagert vor Stralsund. Aber sie hätten uns bald den Weg gewiesen, wenn wir noch einen Tag wären geblieben. Die Bagage ist im Quartier verblieben.

Dieses mal, während ich bin weg gewesen, ist meine Frau wieder mit einer jungen Tochter erfreut worden. Ist auch in meiner Abwesenheit getauft worden, Anna Maria. ist auch gestorben, während ich weg gewesen bin. +2.

Gott verleihe ihr eine fröhliche Auferstehung.

Von Stralsund sind wir alle das Wasser hinauf, welches die Swine genannt wird, über das Wasser mit 2 Schiffen und in das Gebiet der Kaschuben[2], gar ein wildes Land, aber treffliche Viehzucht von allerlei Vieh.

1 Gemeint ist wahrscheinlich Hannibal Don Luis Gonzaga (1602–1668), Fürst von Mantua und kaiserlicher Feldmarschall.

2 Bevölkerungsgruppe im Gebiet von Hinterpommern und Westpreußen

Hier haben wir kein Rindfleisch mehr wollen essen, sondern es haben müssen Gänse, Enten oder Hühner sein. Wo wir über Nacht gelegen sind, hat der Wirt müssen einem jedweden einen halben Taler geben, aber im Guten, weil wir mit ihm zufrieden sind gewesen und haben ihm sein Vieh in Frieden gelassen.

So sind wir mit den 2000 Mann hin und her gezogen, alle Tage ein frisches Quartier, 7 Wochen lang. Bei Neustettin sind wir 2 Tage stillgelegen. Hier haben sich die Offiziere mit Kühen, Pferden, Schafen wohl versehen, denn es gab vollauf von allem. […]

In Lippstadt gibt es gutes altes Bier und auch böse Leute. Ich habe ihrer 7 verbrennen gesehen. Darunter ist sogar ein schönes Mädelein gewesen von 18 Jahren, aber sie ist doch verbrannt worden.

In diesem Land tut man Brote backen, die so groß sind wie ein großer Schleifstein, viereckig. Das Brot muß 24 Stunden im Ofen stehen. Man nennt es Pumpernickel. Ist aber gutes und schmackhaftes Brot, ganz schwarz.

Im Jahr 1630 sind wir hier aufgebrochen und gezogen nach Paderborn. Lippstadt liegt am schiffreichen Wasser, die Lippe genannt. Von Paderborn nach Niedermarsberg, liegt auf einem hohen Berg. Nach Goslar im Harz und nach Magdeburg.

Haben uns verlegt auf Dörfer und die Stadt blockiert, den ganzen Winter stillgelegen auf Dörfern, bis zum Frühling im Jahr 1631. Da haben wir etliche Schanzen eingenommen im Wald vor Magdeburg. Da ist unser Hauptmann vor einer Schanze, neben vielen anderen, totgeschossen worden. An einem Tag haben wir 7 Schanzen eingenommen. Danach sind wir dicht davorgezogen, haben mit Schanzen und Laufgräben alles zugebaut, doch hat es viel Leute gekostet.

Den 22. März ist uns Johan Galgort als Hauptmann vorgestellt worden, den 28. April ist er im Laufgraben wieder totgeschossen worden. Den 6. Mai ist uns Tilge Neuberg wieder vorgestellt worden. Der hat 10 Tage unsere Kompanie gehabt, danach hat er resigniert[1].

Den 20. Mai haben wir mit Ernst angesetzt und gestürmt und auch erobert. Da bin ich mit stürmender Hand ohne allen Schaden in die Stadt gekommen. Aber in der Stadt, am Neustädter Tor, bin ich 2 mal durch den Leib geschossen worden, das ist meine Beute gewesen.

Dieses ist geschehen den 20. Mai im Jahr 1631 frühmorgens um 9 Uhr.

Nachher bin ich in das Lager geführt worden, verbunden, denn einmal bin ich durch den Bauch, vorne durchgeschossen worden, zum andern durch beide Achseln, so daß die Kugel ist in dem Hemd gelegen. Also hat mir der Feldscher[2] die Hände auf den Rücken gebunden, damit er hat können den Meißel einbringen. So bin ich in meine Hütte gebracht worden, halbtot.

Ist mir doch von Herzen leid gewesen, daß die Stadt so schrecklich gebrannt hat, wegen der schönen Stadt und weil es meines Vaterlandes ist.

Wie ich nun verbunden bin, ist mein Weib in die Stadt gegangen, obwohl sie überall gebrannt hat, und hat wollen ein Kissen holen und Tücher zum Verbinden und worauf ich liegen könnte. So habe ich auch das kranke Kind bei mir liegen gehabt. Ist nun das Geschrei ins Lager gekommen, die Häuser fallen alle übereinander, so daß viele Soldaten und Weiber, welche mausen wollen, darin müssen bleiben. So hat mich das Weib mehr bekümmert, wegen des kranken Kindes, als mein

1 »ist er abgetreten«
2 unterste Stufe des Militärarztes, zuständig für äußere Wundversorgung

Schaden. Doch hat sie Gott behütet. Sie kommt nach anderthalb Stunden gezogen mit einer alten Frau aus der Stadt. Die hat sie mit sich hinausgeführt, ist eines Seglers Weib gewesen und hat ihr helfen tragen Bettgewand. So hat sie mir auch gebracht eine große Kanne von 4 Maß[1] mit Wein und hat außerdem auch 2 silberne Gürtel gefunden und Kleider, so daß ich dafür 12 Taler eingelöst habe zu Halberstadt. Am Abend sind nun meine Gefährten gekommen, hat mir ein jeder etwas verehrt, einen Taler oder halben Taler.

Den 24. Mai ist uns Johan Philipp Schütz vorgestellt worden. Ich samt allen Geschädigten sind nach Halberstadt geführt worden. Da sind wir auf Dörfer gelegt worden. Da sind von unserem Regiment 300 in einem Dorf gelegen und sind alle wieder geheilt.

Hier habe ich einen gar guten Wirt bekommen, hat mir kein Rindfleisch gegeben, sondern lauter Kalbfleisch, junge Tauben, Hühner und Vögel. So bin ich nach 7 Wochen wieder frisch und gesund gewesen.

Weiter ist mir hier mein Töchterlein gestorben, Elisabet. Gott verleihe ihr eine fröhliche Auferstehung +3.

Nach 7 Wochen hat man uns wieder abgeholt zu der Armee. Während die schwedische Armee ankommt bei Havelberg, sind wir nach Tangermünde und nach Werben an der Elbe. Hier hat sich die schwedische Armee verschanzt. Ist eine so grausame Hitze gewesen, daß ein Trunk Wasser dazumal teuer war.

Also weil er verschanzt ist gewesen, sind wir wieder zurück nach Tangermünde, nach Magdeburg, nach Eisleben, nach Merseburg, nach Leipzig. Hier das Lager aufgeschlagen, alsbald geschanzt, Laufgräben gemacht, die Kanonen aufgefahren und die Stadt beschossen. Den 7. September da haben sie mit Ak-

1 1 Maßkanne = 1,069 l (Bayern)

kord[1] die Stadt samt dem Schloß aufgegeben und sind abgezogen den 7. September im Jahr 1631.

Da sind wir am Lager wohlauf gewesen die Zeit über, bis der Schwede ist angekommen. Den 17. September nach Eroberung der Stadt ist der König[2] mit ganzer Macht samt der sächsischen Armee angekommen. Da sind wir ihm entgegengegangen, über zwei Stunden.

An diesem Tag sind wir geschlagen worden, die ganze bayrische Armee, ausgenommen diese 4 Regimenter nicht, nämlich Pappenheim, Wallies[3], Wangler[4] und Jung-Tilly[5]. Denn wir sind auf dem rechten Flügel gestanden und sind auf den Sachsen getroffen, die haben wir alsbald in die Flucht geschlagen. Da wir vermeint haben, wir haben gewonnen, ist aber unser linker Flügel ganz geschlagen gewesen. Da haben wir uns auch müssen wenden. Zu allem Glück kommt uns die Nacht auf den Hals, sonst wären wir auch kaputt gemacht worden. [...]

D: Jan Peters (Hrsg.): Peter Hagendorf – Tagebuch eines Söldners aus dem Dreißigjährigen Krieg. Göttingen: V&R unipress, 2012. S. 102–106. –

1 in gegenseitiger übereinstimmender Absprache
2 Gustav II. Adolf (1594–1632), König von Schweden
3 d. h. »Wahlisch«: Johann Joachim Graf von Wahl (1590–1640), Generalwachtmeister
4 Johann Wangler, Regimentsinhaber
5 Werner von Tilly (1599–1650)

12
Randnotiz aus einer Familienbibel aus dem schwäbischen Gerstetten vom 17. Januar 1647

In der Notiz werden das Ausmaß der Zerstörung und der religiöse Umgang mit dem Krieg deutlich.

Sie sagen, der schreckliche Krieg sei jetzt vorbei. Ist aber noch nirgends ein Fried zu spüren. Überall sind Neid, Haß und schlimmere Ding – der Krieg hat uns so gelehrt. Die Alten sind mit der Gottlosigkeit alt worden – wie sollten sie's noch lassen können vor ihrem Ende? Vom Fleck stehen noch ein paar Häuslein. Wir Leut leben wie die Tier, essen Rinden und Gras. Kein Mensch kann sich denken, dass so etwas vor uns geschehen sei. Viele Leut sagen, es sei jetzt gewiß, dass kein Gott ist. Die letzten Tag ziehen fremde Leut zu, sagen aus dem Gebirg. Sprechen eine seltene Sprach. Scheinen mir aber allweg tüchtige Schaffer. Wollen hier bleiben, da sie daheim vertrieben wegen Ketzerei. Der Benckheler, der Heinzmann, ich und einer von den Fremden taten uns heint zusammen, ob wir nicht ein paar zerfallene Häuslein könnten wieder wohnbar machen. Die andern sagen all, es sei ja kein Fried, die Kriegsvölker kämen sicher wieder, es sei alles ohne Nutzen. Wir aber glauben, daß Gott uns nicht verlassen hat. Wir müssen jetzt alle beisammen stehen und Hand anlegen, inwendig und auswendig [...]

D: Jürgen Kuczynski: Geschichte des Alltags des deutschen Volkes. Bd. 1: 1600–1650. Köln: PapyRossa, 1991. S. 117.

13
Der Friedensschluss von Osnabrück (1648)

Der Friede von Münster und Osnabrück führte nach jahrelangen Verhandlungen zu einem Ende des Krieges und zu einer Lösung der Reichskrise. In den Verhandlungen der kaiserlichen Seite mit Schweden und Frankreich wurden u. a. die Besitzstände mit der Festlegung des Normaljahres 1624 klar geregelt, die offene Frage der siebten Kurwürde mit einem Kompromiss entschieden und eine grundsätzliche Amnestie festgelegt. Die Reichsstände waren an diesen Verhandlungen direkt beteiligt, so dass auch wesentliche Problemlagen des Augsburger Religionsfriedens, der formal bestätigt wurde, beseitigt wurden. Wichtig war z. B. die Parität der Besetzung in den Reichsgremien. Bei konfessionellen Konflikten sollten Katholiken und Evangelische (d. h. Lutheraner und Reformierte gemeinsam) in zwei getrennten Kammern beraten und dann zu einer einvernehmlichen Lösung kommen. Das Reichskammergericht wurde in der Folge konsequent konfessionell paritätisch, d. h. zu gleichen Anteilen aus Katholiken und Evangelischen, besetzt, wobei der Kaiser allerdings zwei gesonderte Beisitzer stellte. Abgedruckt sind lediglich Auszüge aus dem Friedensvertrag zwischen dem Kaiser und der Königin von Schweden.

Friedensvertrag zwischen dem Kaiser (Ferdinand III.) und der Königin von Schweden (Christine) mit ihren Verbündeten.

Osnabrück, 14./24. Oktober 1648

Im Namen der hochheiligen und unteilbaren Dreifaltigkeit, Amen.

Zu wissen sei allen und jeden, die beteiligt sind oder irgendwie beteiligt sein können: Nachdem die vor vielen Jahren im Römischen Reich entstandenen Streitigkeiten und inneren Unruhen so weit angewachsen waren, daß sie nicht nur ganz Deutschland, sondern auch etliche benachbarte Königreiche, vornehmlich aber Schweden und Frankreich, so darein verwickelten, daß daher ein langwieriger und erbitterter Krieg entstand [...], ist es endlich durch Gottes Güte geschehen, daß man beiderseits an einen allgemeinen Frieden zu denken angefangen hat und zu diesem Zwecke [...] der 11. Tag neuen, oder der 1. Tag alten Stils des Monats Juli im Jahre des Herrn 1643 für die Abhaltung eines Kongresses der Bevollmächtigten zu Osnabrück und Münster in Westfalen bestimmt worden ist. Es fanden sich also zur bestimmten Zeit und am bestimmten Ort die von beiden Seiten rechtmäßig ernannten bevollmächtigten Gesandten ein [...]; und nachdem sie den Beistand Gottes angerufen und ihre Vollmachten (deren Abschriften zu Ende dieses Instruments von Wort zu Wort eingerückt sind) untereinander gehörig ausgetauscht hatten, haben sie in Gegenwart und mit Zustimmung und Einwilligung der Kurfürsten, Fürsten und Stände des hl. Römischen Reiches zur Ehre Gottes und zum Heil der Christenheit sich untereinander auf nachstehende Friedens- und Freundschaftsbestimmungen geeinigt und sind übereingekommen wie folgt:

Art. I Es sei ein christlicher, allgemeiner, immerwährender Friede und wahre und aufrichtige Freundschaft zwischen der hl. kaiserlichen Majestät, dem Hause Österreich und allen seinen Verbündeten und Anhängern und deren jeglichen Erben und Nachfolgern, insbesondere dem Katholischen König, den Kurfürsten, Fürsten und Ständen des Reichs einerseits, und der hl. königlichen Majestät und dem Königreich Schweden und allen seinen Verbündeten und Anhängern und deren jeglichen Erben und Nachfolgern, insbesondere dem Allerchristlichsten König und den betreffenden Kurfürsten, Fürsten und Ständen des Reichs andererseits; und es soll dieser [Friede] dergestalt aufrichtig und ernstlich gehalten und gepflegt werden, daß jeder Teil des andern Nutzen, Ehre und Vorteil fördere und daß in jeder Hinsicht, sowohl seitens des gesamten Römischen Reichs mit dem Königreich Schweden als auch hinwiederum seitens des Königreichs Schweden mit dem Römischen Reiche, vertrauensvolle Nachbarschaft und die gesicherte Pflege der Friedens- und Freundschaftsbestrebungen neu erstarken und erblühen.

Art. II Beiderseits sei immerwährendes Vergessen und Amnestie alles dessen, was seit Anbeginn dieser Unruhen an irgendeinem Ort und auf irgendeine Weise vom einen oder andern Teil, hüben und drüben, feindlich begangen worden ist [...]; vielmehr sollen alle und jede hin und her, sowohl vor dem Kriege als auch im Kriege, mit Worten, Schriften oder Taten zugefügten Beleidigungen, Gewalttaten, Feindseligkeiten, Schäden und Unkosten ohne alles Ansehen der Personen oder Sachen dergestalt gänzlich abgetan sein, daß alles, was deshalb der eine vom andern fordern könnte, in immerwährendem Vergessen begraben sein soll.

Art. III § 1. Gemäß diesem Grundsatz allgemeiner und uneingeschränkter Amnestie sollen alle und jede Kurfürsten, Fürsten und Stände des hl. Römischen Reichs (mit Einschluß der unmittelbaren Reichsritterschaft) und ihre Vasallen, Untertanen, Bürger und Einwohner [...] vollständig wieder in den Stand eingesetzt sein, dessen sie sich vor ihrer Entsetzung erfreut haben oder von Rechts wegen erfreuen konnten, wobei alle inzwischen erfolgten gegenteiligen Veränderungen nicht im Wege stehen, sondern ungültig sein sollen. [...]

Art. IV § 3. Und zwar soll erstlich, was das Haus Bayern betrifft, die Kurwürde, welche die Kurfürsten von der Pfalz hiebevor innehatten [...], sowie auch die ganze Oberpfalz mitsamt der Grafschaft Cham, mit allen ihren Zubehören, Regalien und Rechten, wie bisher, so auch inskünftig dem Herrn Maximilian, Pfalzgrafen bei Rhein, Herzog von Bayern, und seinen Kindern und der ganzen Wilhelmischen Linie verbleiben, solange aus ihr männliche Nachkommen am Leben sein werden. [...]

§ 5. Was das pfälzische Haus betrifft, so willigen Kaiser und Reich im Interesse der öffentlichen Ruhe darein, daß kraft gegenwärtigen Vertrages eine achte Kurwürde errichtet sein soll, deren von nun an Herr Karl Ludwig, Pfalzgraf bei Rhein, und seine Erben und Agnaten der ganzen Rudolfischen Linie, gemäß der in der Goldenen Bulle festgelegten Erbfolge-Ordnung, genießen sollen. Dagegen soll dem Herrn Karl Ludwig oder seinen Nachfolgern außer der Gesamtbelehnung keinerlei Recht auf das, was mit der Kurwürde dem Herrn Kurfürsten von Bayern und der ganzen Wilhelmischen Linie verliehen worden ist, zustehen. [...]

Art. V Da aber die Beschwerden, die zwischen den Kurfürsten, Fürsten und Reichsständen beider Religionen obwalteten, großenteils Ursache und Anlaß zum gegenwärtigen Krieg gegeben haben, so hat man sich ihretwegen wie folgt vereinbart und verglichen.

§ 1. Der im Jahre 1552 zu Passau abgeschlossene Vertrag und der im Jahre 1555 darauf gefolgte Religionsfriede [...] soll in allen seinen, mit einmütiger Zustimmung des Kaisers, der Kurfürsten, Fürsten und Stände beider Religionen angenommenen und beschlossenen Artikeln für gültig gehalten und gewissenhaft und unverletzlich beobachtet werden.

Was aber über einige darin [befindliche] streitige Artikel in diesem Vertrag durch gemeinsamen Beschluß der Parteien bestimmt worden ist, das soll für eine immerwährende Erläuterung des besagten Friedens, die sowohl in Gerichten als auch anderswo zu berücksichtigen ist, gehalten werden, bis man sich durch Gottes Gnade über die Religion verständigt haben wird, ungeachtet des von Geistlichen oder Laien innerhalb oder außerhalb des Reiches zu irgendeiner Zeit dagegen eingelegten Widerspruchs oder Protests, die sämtlich kraft gegenwärtigen Vertrags für null und nichtig erklärt werden.

In allen übrigen Dingen aber soll zwischen allen und jeden Kurfürsten, Fürsten und Ständen beider Religionen genaue und gegenseitige Gleichheit herrschen, soweit sie der Verfassung des Staatswesens, den Reichssatzungen und gegenwärtigem Vertrag gemäß ist [...], wobei alle Gewalt und Tätlichkeit, wie im übrigen, so auch hier zwischen beiden Teilen auf alle Zeit verboten ist.

§ 2. Der *terminus a quo* für die Wiederherstellung in geistlichen Dingen und für das, was mit Rücksicht auf sie in weltlichen Dingen geändert worden ist, soll der 1. Januar 1624 sein. [...]

§ 52. In Religionssachen und allen andern Geschäften, wo die Stände nicht als einheitliche Körperschaft betrachtet werden können, sowie auch, wenn die katholischen und die Stände Augsburgischer Konfession zu getrennten Verhandlungen auseinandertreten, soll allein gütlicher Vergleich die Streitigkeiten schlichten, ohne Rücksicht auf die Stimmenmehrheit. Was aber die Stimmenmehrheit in Steuersachen betrifft, so soll diese Angelegenheit, da sie auf dem gegenwärtigen Kongreß nicht entschieden werden konnte, auf den nächsten Reichstag verschoben sein. [...]

D: Bernd Roeck (Hrsg.): Deutsche Geschichte in Quellen und Darstellung. Bd. 4: Gegenreformation und Dreißigjähriger Krieg 1555–1648. Stuttgart: Reclam, 1996. S. 399–401, 403 f., S. 409.

14
Paul Gerhardt: Danklied für die Verkündigung des Friedens

Der lutherische Theologe und Kirchenlieddichter Paul Gerhardt (1607–1676) dichtete vermutlich 1648 (veröffentlicht 1653) in Berlin in Reaktion auf die Verkündung des Friedens von Münster und Osnabrück folgendes Kirchenlied. Neben der Freude über den Frieden zieht Gerhardt im Jahr 1648 über die Folgen des Krieges eine schonungslose Bilanz. Die religiöse Deutung des Krieges als Strafe Gottes für die Sünden der Menschen und der Aufruf zur Umkehr werden sehr deutlich.

1.

Gott Lob, nun ist erschollen
Das edle Fried- und Freudenwort,
Daß nunmehr ruhen sollen
Die Spieß und Schwerter und ihr Mord'.
Wohlauf und nimm nun wieder
Dein Saitenspiel hervor,
O Deutschland, und sing Lieder
Im hohen vollen Chor.
Erhebe dein Gemüte
Zu deinem Gott und sprich:
Herr, deine Gnad und Güte
Bleibt dennoch ewiglich.

2.

Wir haben nichts verdienet
Als schwere Straf und großen Zorn,
Weil stets noch bei uns grünet
Der freche schnöde Sündendorn.

Wir sind fürwahr geschlagen
Mit harter, scharfer Rut,
Und dennoch muß man fragen:
»Wer ist, der Buße tut?«
Wir sind und bleiben böse,
Gott ist und bleibet treu,
Hilft, daß sich bei uns löse
Der Krieg und sein Geschrei.

3.

Sei tausendmal willkommen,
Du teure werte Friedensgab!
Jetzt sehn wir, was für Frommen
Dein Bei-uns-Wohnen in sich hab.
In dir hat Gott versenket
All unser Glück und Heil;
Wer dich betrübt und kränket,
Der drückt sich selbst den Pfeil
Des Herzleids in das Herze
Und löscht aus Unverstand
Die güldne Freudenkerze
Mit seiner eignen Hand.

4.

Das drückt uns niemand besser
In unsre Seel und Herz hinein
Als ihr zerstörten Schlösser
Und Städte voller Schutt und Stein,
Ihr vormals schönen Felder,
Mit frischer Saat bestreut,

Jetzt aber lauter Wälder
Und dürre wüste Heid,
Ihr Gräber voller Leichen
Und blutgen Heldenschweiß's
Der Helden, deren gleichen
Auf Erden man nicht weiß.

[…]

D: Evangelisches Kirchengesangbuch. Ausgabe für die evangelisch-lutherischen Kirchen Niedersachsens. Braunschweig. Hannover: Schlütersche Verlagsanstalt, 1983. Nr. 392.

Literaturhinweise

Arndt, Johannes: Der Dreißigjährige Krieg 1618–1648. Stuttgart 2009.
Barudio, Günter: Der Teutsche Krieg 1618–1648. Frankfurt a. M. 1985.
Bedürftig, Friedemann: Taschenlexikon Dreißigjähriger Krieg. München 1998.
Behringer, Wolfgang: Hexen. Glaube, Verfolgung, Vermarktung. München 1998.
– Kulturgeschichte des Klimas. Von der Eiszeit bis zur globalen Erwärmung. München 2007.
Brendle, Franz: Das konfessionelle Zeitalter. Berlin 2010.
Burkhardt, Johannes: Der Dreißigjährige Krieg. Frankfurt a. M. 1992.
Bußmann, Klaus / Schilling, Heinz (Hrsg.): 1648 – Krieg und Frieden in Europa (Katalogband und zwei Textbände). Münster 1998.
Freytag, Gustav: Bilder aus der deutschen Vergangenheit. Leipzig 1859.
Greyerz, Kaspar von / Jakubowski-Tiessen, Manfred / Kaufmann, Thomas / Lehmann, Hartmut (Hrsg.): Interkonfessionalität, Transkonfessionalität, binnenkonfessionelle Pluralität. Neue Forschungen zur Konfessionalisierungsthese. Gütersloh 2003.
Hartmann, Peter C. / Schuller, Florina (Hrsg.): Der Dreißigjährige Krieg. Facetten einer folgenreichen Epoche. Regensburg 2010.
Kampmann, Christoph: Europa und das Reich im Dreißigjährigen Krieg. Stuttgart 2008.
Kaufmann, Thomas: Dreißigjähriger Krieg und Westfälischer Friede. Kirchengeschichtliche Studien zur lutherischen Konfessionskultur. Tübingen 1998.
Krusenstjern, Benigna von / Medick, Hans (Hrsg.): Zwischen Alltag und Katastrophe. Der Dreißigjährige Krieg aus der Nähe (Veröffentlichungen des Max-Planck-Instituts für Geschichte 148). Göttingen ^{2}2001.
Kuczinsky, Jürgen: Geschichte des Alltags des deutschen Volkes. Bd. 1: 1600–1650. Köln 1991.
Lanzinner, Maximilian: Konfessionelles Zeitalter 1555–1618 (Handbuch der deutschen Geschichte. Bd. 10). Stuttgart 2001.
Lehmann, Hartmut: Das Zeitalter des Absolutismus. Gottesgnadentum und Kriegsnot. Stuttgart [u. a.] 1980.

Lehmann, Hartmut / Trepp, Anne-Charlott (Hrsg.): Im Zeichen der Krise. Religiosität im Europa des 17. Jahrhunderts. Göttingen 1999.
Mathäser, Willibald (Hrsg.): Maurus Friesenegger. Tagebuch aus dem 30jährigen Krieg, München 2007.
Medick, Hans: Der Dreißigjährige Krieg als Erfahrung und Memoria. Zeitgenössische Wahrnehmungen eines Erfahrungszusammenhangs. In: Peter C. Hartmann / Florina Schuller (Hrsg.): Der Dreißigjährige Krieg. Facetten einer folgenreichen Epoche. Regensburg 2010. S. 158–172.
Münkler, Herfried: Die neuen Kriege. Reinbek 2002.
North, Michael: Kommunikation, Handel, Geld und Banken in der Frühen Neuzeit. München 2000.
Parker, Geoffrey: Der Dreißigjährige Krieg. Aus dem Englischen übersetzt von Udo Rennert. Frankfurt a. M. 1991.
Pfitzer, Klaus: Reformation, Renaissance, Humanismus. Stuttgart 2014.
Reinhard, Wolfgang: Zwang zur Konfessionalisierung? Prolegomena zu einer Theorie des konfessionellen Zeitalters. In: Zeitschrift für Historische Forschung 10 (1983) S. 257–277.
Roeck, Bernd: Deutsche Geschichte in Quellen und Darstellung. Bd. 4: Gegenreformation und Dreißigjähriger Krieg 1555–1648. Stuttgart 1996.
Schilling, Heinz: Die Konfessionalisierung im Reich. Religiöser und gesellschaftlicher Wandel in Deutschland zwischen 1555 und 1620. In: Historische Zeitschrift 246 (1988) S. 1–45.
Schmidt, Georg: Der Dreißigjährige Krieg. München [6]2003.
Schmidt, Heinrich Richard: Konfessionalisierung im 16. Jahrhundert. München 1992.
Schormann, Gerhard: Dreißigjähriger Krieg (1618–1648). Stuttgart 2001. In: Gebhardt – Handbuch der deutschen Geschichte. Bd. 10. Stuttgart 2001. S. 207–279.
– Der Dreißigjährige Krieg. Göttingen [3]2004.
Schorn-Schütte, Louise: Geschichte Europas in der Frühen Neuzeit. Studienhandbuch 1500–1789. Paderborn [u. a.] 2009.
Schulze, Winfried: Deutsche Geschichte im 16. Jahrhundert. 1500–1618. Frankfurt a. M. 1987.

Tschopp, Silvia Serena: Heilsgeschichtliche Deutungsmuster in der Publizistik des Dreißigjährigen Krieges. Pro- und antischwedische Propaganda in Deutschland 1628 bis 1635. Frankfurt a. M. 1991.
Zeeden, Ernst Walter: Zeitalter der Glaubenskämpfe 1555–1648. München 1970.

Internetquellen

(zuletzt aufgerufen am 3. Juli 2015)

Themenportal Hexenforschung: http://www.historicum.net/themen/hexenforschung/
Mitteldeutsche Selbstzeugnisse aus der Zeit des Dreißigjährigen Kriegs: http://www.mdsz.thulb.uni-jena.de/sz/index.php
Einführung in die Frühe Neuzeit von der Universität Münster: http://www.uni-muenster.de/FNZ-Online/Welcome.html